Ingo Diedrich

Blicke auf das Leben

Ingo Diedrich

Blicke auf das Leben

und das Tote

Bloggingbooks

Impressum / Imprint
Bibliografische Information der Deutschen Nationalbibliothek: Die Deutsche Nationalbibliothek verzeichnet diese Publikation in der Deutschen Nationalbibliografie; detaillierte bibliografische Daten sind im Internet über http://dnb.d-nb.de abrufbar.

Bibliographic information published by the Deutsche Nationalbibliothek: The Deutsche Nationalbibliothek lists this publication in the Deutsche Nationalbibliografie; detailed bibliographic data are available in the Internet at http://dnb.d-nb.de.

Coverbild / Cover image: www.ingimage.com

Verlag / Publisher:
Bloggingbooks
ist ein Imprint der / is a trademark of
AV Akademikerverlag GmbH & Co. KG
Heinrich-Böcking-Str. 6-8, 66121 Saarbrücken, Deutschland / Germany
Email: info@bloggingbooks.de

Herstellung: siehe letzte Seite /
Printed at: see last page
ISBN: 978-3-8417-7105-6

Inhalt

Einleitung

Aus den Einfällen im Alltag mache ich kleine Artikel für den ODi Blog
Sie helfen mir, Dinge auf den Punkt zu bringen.

Ein zentrales Thema ist der schillernde Begriff „Leben“:

- Warum ist er so schwer greifbar?
- Kann man *Veränderungen* lebendig gestalten?
- Ist es sinnvoll, die *Wissenschaft* daran auszurichten?
- Ist dafür der Modebegriff *Vitalität* geeignet?
- Gibt es Kommunikation zwischen uns und der Natur?

Grenzarbeit spielt dabei eine große Rolle:

- Welche Bedeutung kommt der *Gewalt* zu?
- Wie wird mit *Ausgrenzung* umgegangen?
- Wieso orientiert man sich in zentralen Lebensprozessen immer stärker an der *Technik* – am Toten?

Grundlegende Orientierung bietet mir die *Orgonomie* nach Wilhelm Reich. Diese lebensorientierte Perspektive erleichtert mir den Zugang zu vielen Themen.

Eine Auswahl der Artikel bis zum März 2013 ist in diesem Buch gedruckt. Die Texte sind als Anreiz gedacht, sich im Blog noch weiter umzusehen, Audios anzuhören, Videos anzuschauen, weitere Texte herunter zu laden und natürlich, Kommentare zu lesen und zu schreiben.

Die Texte können chronologisch (von hinten nach vorne) oder je nach Interesse gelesen werden.

Den ODi Blog erreichen Sie über folgende Adresse: *www.or-so.de*

Die Bilder entstammen der Seite: *www.panoramio.com/user/id-bild*

Ich wünsche Ihnen beim Lesen eine gute Zeit.

Yvo Diedrich

Ziele sind nicht zum Erreichen da

10. Jan. 2013

Das Leben ändert sich fortlaufend und doch finden die gewünschten Veränderungen selten statt. Was für eine Verlockung ist es da, sich Ziele zu setzen.

Das Durcheinander des Lebens kann so in lineare Strecken mit einem Anfang und einem Ende unterteilt werden.

Das Leben wird zu einer Abfolge von Projekten. Und Projekte kann man managen. Die schwer greifbare Bewegung des Lebens bekommt eine von uns gesetzte Form.

Wir definieren ein Ziel, beschreiben die Wegstrecke, stellen die Ressourcen zur Verfügung und setzen den Plan um. Noch vor der Zielerreichung wird das nächste Ziel formuliert.

Wie bei einem Läufer ist die Orientierung klar. Das Ziel vor Augen werden die Kräfte konzentriert. Berater und Coaches stehen am Wegrand und geben Tipps, noch effizienter zu laufen.

Dies ist ein klarer Weg. Aber es ist auch eine sehr erschöpfende Weise, sich durchs Leben zu bewegen.

Also, erst einmal Pause .....

> Ziele können eine sehr sinnvolle Orientierungshilfe sein.
>
> **Aber nur selten geht es darum, sie auch zu erreichen!**

Dem Sicherheit spendenden Strukturelement „Ziel“ muss der bewegende Mut an die Seite gestellt werden. Mut, den vorgedachten Weg zu verlassen, die Ziele zu relativieren, das Lenken abzugeben, sich hinzugeben.

Ansonsten verkommt die Zielorientierung zur Planwirtschaft.

Nicht die Zielerreichung ist das wichtigste Qualitätsmerkmal eines Projektes, sondern der Veränderungsprozess selbst. Veränderung ist der Ausdruck der Reibung der mutigen Bewegung an den Strukturelementen wie z.B. dem Ziel.

... eine kleine Geschichte

Das Leben ändert sich fortlaufend – und zwar in den eigenen Strukturen.

Wer Veränderungen gestalten will,

- benötigt ein Gespür für die Struktur und Bewegung des Lebens,
- benötigt ein Gespür dafür, wie strukturierende und bewegende Elemente gestärkt werden können, um einen lebendigen Ausdruck zu ermöglichen.

Wer solche Prozesse begleiten will, muss einen Rahmen anbieten, dieses Gespür zu stärken.

Quellen

Die Geschichte von der grünen Meeresschildkröte ist ein Ausschnitt aus dem Buch: John Strelecky: Das Cafe am Rande der Welt. Eine Erzählung über den Sinn des Lebens. München (dtv). 2011. S. 52-56 (Hörbuchausgabe)

Das Werbeplakat wurde der Seite mcfit.com entnommen

Kinder, die drängeln und plärren ...

1. März 2013

Kinder, die drängeln und plärren…

… werden rauben und vergewaltigen.[1]

Überzeugt diese Logik noch? Wollen wir unsere Kinder so betrachten? Wie erklären wir uns abweichendes Verhalten?

Und welche Handlungen leiten sich daraus ab?

Aufgabe der Eltern:

1. Verhalten der Kinder beobachten,
2. abweichendes Verhalten erkennen und
3. dies Verhalten bestrafen [2]

Die Kriminologie bietet die Modelle an, abweichendes Verhalten zu verstehen und zu bearbeiten.[2]

---

[1] Hirschi, Travis/ Gottfredson, Michael R.: Substantive Positivism and the idea of crime. In: Hirschi, Travis/Gottfredson, Michael R. The generality of deviance. New Brunswick, New Jersey 1994, S.253- 270, S. 255

[2] Gottfredson, Michael R./ Hirschi, Travis: A general theory of crime. Stanford, California 1990, S. 97

Die Modelle betreffen aber nicht nur Straftäter, sondern uns alle!

Immer stärker wird die Bestrafung von Tätern durch Prävention bei Normalbürgern ergänzt.

Vorbeugen ist besser als bohren. Diese richtige Maxime verändert aber auch unseren Blick auf die Kinder.

So gehen zahlreiche Projekte der Frage nach: Wie kann man schon bei Kleinkindern mögliche Gewalt vorbeugen? Kinder werden zu potentiellen Kriminellen.[1]

Außerdem verschwimmt die Grenze zwischen Kriminalprävention und Gesundheitsprävention: Gesetzestreues und gesundes Verhalten wird immer häufiger zusammen gedacht.

Kriminologie und ihre normierenden Theorien werden so immer wichtiger.

Die Kriminologie bietet zahlreiche Modelle. Welches ist angemessen?

Die Kontrolltheorie nach Hirschi und Gottfredson ist eine der einflussreichsten Theorien in Deutschland. Sie dient zahlreichen Maßnahmen als Grundlage.

Es lohnt sich, sie genau anzuschauen, sie mit den eigenen Werten zu vergleichen und eine Position dazu – z.B. im Kommentarfeld – kund zu tun.

Die Soziale Kontrolltheorie nach Travis Hirschi - eine Diskussionsvorlage

[1] Vgl. DJI Impulse (2/2011): Mythos Prävention, *http://www.dji.de/bulletin/d_bull_d/bull94_d/DJIB_94.pdf*, (2.3.2013)

Tote Vögel fliegen nicht

14. Oktober 2012

Ich bewege mich viel in der Computerwelt. Die unendlichen Möglichkeiten faszinieren mich – und manchmal öden sie mich auch nur an.

Ein kurzer Gedankengang dazu:

Der ***lebendige Mensch*** mit seiner Orientierung an Affekten und Emotionen wird schon lange als tiernah und störend empfunden. In der Kriminologie wird er bis heute als die zentrale Gefahr für unsere Ordnung benannt.[1] Und Elias hat eindrucksvoll beschrieben wie dies im Zivilisationsprozess bearbeitet wird.

Unsere Regulation wird immer anspruchsvoller und unser Verhalten gemäßigter. Das lebendige Pulsieren mit allen Hochs und Tiefs, mit den Heftigkeiten der Affekte, aber auch die Intensität der Hingabe nimmt ab.

Wir stutzen uns die Flügel. Wir verlieren Lebendigkeit und sterben.[2]

---

[1] Vgl. die Kontrolltheorie nach Hirschi/ Gottfredson. Sie unterscheiden eindeutig zwischen Menschen mit niedriger und hoher Selbstkontrolle. Die ersten bleiben ihren kurzfristigen Bedürfnisbefriedigungen verhaftet und werden somit kriminell. (vgl. *Kontrolltheorie*)

[2] Bei H. Hesse wird dem Steppenwolf vorgehalten: „Du bist das Gefängnis in dem du sitzt“. S. Freud betont immer wieder die Wichtigkeit der Zivilisierung („Alles, was die Kulturentwicklung fördert, arbeitet auch gegen den Krieg.“ Freud (1933), S.493), aber er sieht auch die Schattenseiten: „Das Sexualleben des Kulturmenschen ist doch schwer

Dies wird meist in zweifacher Hinsicht interpretiert:

- Durch die Dämpfung wird Energie zur Verfügung gestellt, die Natur des Menschen zu transzendieren. Wir werden zu „Kulturmenschen".
- Diese Zivilisierung des Menschen ist die notwendige Angleichung an die sich fortlaufend differenzierende Gesellschaft. Nur so sei ein Überleben in komplexen Gesellschaften möglich.

Beide Ansichten hängen eng zusammen und werden von einer bitteren Einsicht begleitet: Der Mensch verliert auch an Potential: Unverschränkter emotionaler Kontakt und Ausgelassenheit erscheinen als Luxus der Tierwelt, der uns immer weniger zur Verfügung steht.

Canetti hat dies als Verlust der *„Freiheit des Gesichtes"* beschrieben: *„Das fluide Treiben unklarer, halb ausgegorener Verwandlungen, deren wunderbarer Ausdruck jedes natürliche, menschliche Antlitz ist, mündet in der Maske; [...] Die Maske ist klar, sie drückt etwas Bestimmtes aus, nicht mehr, nicht weniger. Die Maske ist starr: dieses Bestimmte ändert sich nicht."*[1]

Diese Entwicklung ist sehr deutlich erkennbar. Gleichzeitig spielen aber gerade Emotionen z.B. in Fernsehshows eine große Rolle.[2]

Dies verweist auf einen zweiten Entwicklungsstrang: den der ***toten Technik***. Der Technik fehlt jeglicher fluider Ausdruck. Sie ist starr, tot und in diesem Sinne durch und durch Maske. Sie markiert quasi den Endpunkt der Zivilisierung.

Die Orientierung an der Technik ist somit eine ideale Möglichkeit das Disziplinierungsprojekt Zivilisation voranzutreiben. Dies ist im Bereich des Militärs, der industriellen Produktion aber auch im Büroalltag deutlich.

---

geschädigt, es macht mitunter den Eindruck einer in Rückbildung befindlichen Funktion, wie unser Gebiss und unsere Kopfhaare als Organe zu sein scheinen." (Freud (1930), S.396) „Vielleicht führt [der Kulturprozess] zum Erlöschen der Menschenart, denn er beeinträchtigt die Sexualfunktion in mehr als einer Weise." (Freud (1933), S.492); Vgl. auch *Geboren mit der Angst*

[1] Elias Canetti, S. 444

[2] Ob nun ein Superstar gesucht wird oder nur ein Topmodel, noch nie wurden so viele berührte, strahlende und weinende Menschen in Nahaufnahme im Fernsehen gezeigt.

Aber es gibt da eine wichtige Entwicklung: *Die Technik orientiert sich immer stärker an Lebensprozessen.* Je leistungsstärker die Hard- und Software wird, desto besser kann das Fluide durch Komplexität und Vernetzung simuliert werden.

> *Und hier treffen sich die beiden Entwicklungen. Während wir im Laufe der Zivilisierung immer maskenhafter werden, wirkt die Technik immer lebendiger.*

Technik und Menschen konstruieren im Bereich der Maske eine gemeinsame Wirklichkeit, die nach den Gesetzen der Technik funktioniert und lebendig aussieht. Z.B. in der Kommunikation ist die Technik dem Status eines Werkzeugs längst entwachsen und zum integralen Strukturmerkmal geworden.

Durch diese Integration von Leben und Technik entsteht etwas Neues.

Während im Zivilisationsprozess die Emotionen modelliert wurden, um angemessen handeln zu können, werden sie jetzt einfach abgekoppelt. Handlungen werden immer weniger als Ausdruck von Emotionen, als Unterdrückung derselben oder als Sublimierung verstanden. Die Handlungen emanzipieren sich von den Emotionen.

Im neu gestalteten Maskenbereich ist Technik und Mensch klar: Handlungsmöglichkeiten sind quasi unendlich wenn man sie nur von den Emotionen entkoppelt.[1] Menschlicher Fortschritt ist technischer Fortschritt und dieser ist riesig.

So ist es auch nicht mehr notwendig, den Schmerz beim Flügel stutzen wahrzunehmen. Die uns gegebenen Flügel sind verzichtbar. Wir können auch ohne die fluiden Ungewissheiten des Lebens in die Höhe steigen. Der Mensch holt sich so trotz aller Zivilisierung seine Heftigkeit im technikgestützten Ausdruck zurück.

> *Wir müssen nur dazu bereit sein, „unendliche Möglichkeiten" mit „Freiheit" zu verwechseln und zu akzeptieren, dass in diesem Maskenbereich Berührung, Kontakt und Intensität simuliert wird – immer perfekter, aber eben simuliert.*

Quellen:

Bauman, Zygmunt: Dialektik der Ordnung. Die Moderne und der Holocaust. Hamburg 1994

Canetti, Elias: Masse und Macht. Frankfurt/M 1999

Diedrich, Ingo: *Aus – einander – setzung mit Gewalt.* Eine orgonomisch funktionalistische Arumentation. *<http://material.or-so.de/Aus-einander-setzung_mit_Gewalt.pdf>* 2003

Freud (1930), Sigmund: Das Unbehagen in der Kultur. In: Freud, Anna/ Grubisch-Simitis, Ilse (Hrsg.): Sigmund Freud. Werkausgabe in zwei Bänden. Band 2. Frankfurt/M 1978, S.367- 424

Freud (1933), Sigmund: Warum Krieg? In: Freud, Anna/ Grubisch-Simitis, Ilse (Hrsg.): Sigmund Freud. Werkausgabe in zwei Bänden. Band 2. Frankfurt/M 1978, S.483-493

Gottfredson, Michael R./ Hirschi, Travis: A general theory of crime. Stanford, California 1990

---

[1] Transhumanismus nennt man das. Z.B. die Piratenpartei ist ein Fan davon. In ihren Worten lassen sie sich dabei von einer "hedonistischen Philosophie" leiten. Es gibt auch schon zahlreiche weitere Institutionen, die sich in diese Richtung orientieren.

Zygmunt Bauman weist in seiner Analyse zum Holocaust darauf hin, dass der „systematische, geplante, kaltblütige Mord" nur aufgrund des Ausschaltens des „animalischen Mitleids" möglich gewesen sei (Bauman S.199). Der Holocaust ist demzufolge eben kein Rückfall in die Barbarei, sondern die gelungene Integration von technischen Maßstäben (vgl. auch *Diedrich, S.337ff*). Der systematische Massenmord ist eine der vielen Handlungsoptionen, die uns durch die Integration von Mensch und Technik ermöglicht werden. (vgl. *Maschinen Menschen*)

Leibhaftige Identität

29. Februar 2012

Bestehende Identitätskonzepte sind ausgefeilt, hängen aber in der Luft. Ihnen fehlt der Leib als Fundament. So kann Robert Gugutzers Grundthese zusammengefasst werden.[1]

Der Mensch weiß, dass er einen Körper hat und er kann sich zu sich positionieren. Er hat aber nicht nur einen Körper, sondern ist wie jedes Tier auch Leib.

Der Mensch ist somit im Spannungsfeld von „Leib sein" und „Körper haben" verortet.[2] Wer Gugutzer bis hierher folgt, dem eröffnet sich ein sehr weites Feld menschlichen Lebens.[3]

---

[1] Ich beziehe mich auf das Buch: *Robert Gugutzer*: Leib, Körper und Identität: eine phänomenologisch-soziologische Untersuchung zur personalen Identität. Wiesbaden 2002. Gugutzer will nicht weniger als ein „zeitgemäßes Identitätsmodell" erstellen. Die bestehenden Modelle werden als „sozial-kognitiv verengt" kritisiert. (vgl. Teil 1)

[2] Grundlage ist die These der ‚Exzentrischen Positionalität' nach *Helmut Plessner*.

[3] In einem Ritt „auf den Schultern von vier Riesen der Leib- und Körpertheorie" (S.59) baut Gugutzer das Fundament für sein Modell. Er greift auf Helmuth Plessner, *Maurice Merleau-Ponty*, Hermann Schmitz und *Pierre Bourdieu* zurück. Die Theorien werden

So fungiert der Leib als Vermittler zwischen Ich und Welt. Durch ihn bekomme ich einen Zugang zu den anderen Menschen, zu Landschaften oder auch Ideen. Ich kann ihn auch z.B. auf mein Auto ausdehnen und es so vorreflexiv nutzen.

Aber auch das „erotische Verstehen“ bekommt so einen Sinn. Und Begriffe wie das „Spüren“ in Abgrenzung zu den Gefühlen, die „leiblich-affektive-Betroffenheit“ und die „primitive Gegenwart“ ermöglichen weitreichende Einblicke.

Das Dösen und Dahindämmern, aber auch der Rausch, die Ekstase, das Lachen und das Weinen können quasi von innen heraus beschrieben werden. Und die „leibliche Kommunikation“ geht weit über das hinaus, was üblich unter nonverbal verstanden wird.[1]

Gugutzer hat mich *überzeugt*: Ohne den Leib kann man der menschlichen Identität nicht gerecht werden.

Dies wird schon im empirischen Teil des Buches deutlich. Hier werden die unterschiedlichen Körper-Leibbezüge bei Ballett-Tänzern und Ordensangehörigen gegenüber gestellt.[2]

Wenn man die leibhaftige Identität ernst nimmt, so ist sie aber nicht nur Forschungsgegenstand. Sie muss sich vielmehr auch in der Forschungsmethode niederschlagen.[3] Eine solche Forschung wäre ein großer Schritt, die cartesianische Spaltung aufzuheben.[4]

---

jeweils dargestellt und gleichzeitig (manchmal zu) spielerisch verknüpft. Von der philosophischen Anthropologie geht es über die Phänomenologie bis hin zur Soziologie.

[1] *Hermann Schmitz* argumentiert etwas anders als Gugutzer, kommt aber zum selben Ergebnis: Eine Person zeichnet sich demnach durch die „Fähigkeit zur Selbstzuschreibung“ aus. Das womit in der Selbstzuschreibung identifiziert wird, muss schon vor der Identifikation bekannt sein (29). Dies „ist also nur möglich, wenn ihr [der Selbstzuschreibung] ein identifizierungsfreies Selbstbewusstsein ohne Selbstzuschreibung zu Grunde liegt. Und das gibt es wirklich, nämlich in Gestalt des affektiven Betroffenseins.“ (30) Und diese unmittelbare Erfahrung wird dem Leib zugeordnet. Vgl.: Hermann Schmitz: Kurze Einführung in die Neue Phänomenologie. Freiburg 2009

[2] Vgl. Gugutzer, drittes Kapitel

[3] Gugutzer zitiert Merleau-Ponty: „Die Funktion des lebendigen Leibes kann ich nur verstehen, indem ich sie selbst vollziehe, und in dem Maße, in dem ich selbst dieser einer Welt zuwendender Leib bin.“ (Merleau-Ponty zit. n. Gugutzer S.77)

[4] Gugutzer hatte zu Beginn kritisiert „dass der Großteil der sozialwissenschaftlichen Identitätstheorien nach wie vor am Erbe des Cartesianismus partizipiert und an der

Daraus ergeben sich zahlreiche spannende Fragen:

- Wo ist diese Forschung anzusiedeln? Ist sie eine erweiterte Soziologie oder eher eine verstehende Naturwissenschaft. [1] Wie sieht die Abgrenzung zu esoterischen Zugängen aus?
- Wie kann leibliche Wahrnehmung in den Forschungsprozess integriert werden? Und wie wird sie kommuniziert? Welche Kompetenzen muss die forschende Person mitbringen?[2]
- Wie sieht eine Forschung aus, die nicht den sozial konstruierten Sinn von Leib, sondern eben die leibliche Bedeutung erforscht?

Der hier besprochene Text ist schon einige Jahre alt. Ich bin gespannt, wie sich der Ansatz seit dem entwickelt hat.

Trennung zwischen Körper und Geist, Leib und Seele, Vernunft und Emotion festhält. Dies zeigt sich konkret daran, dass im Zentrum dieser Ansätze Denken (bzw. Reflexion) und Sprache (bzw. Narration) stehen. " (57) Diesem Anspruch folgend muss gesagt werden, dass auch seine Empirie der Spaltung methodisch verhaftet bleibt.

[1] Gugutzer sieht zwischen Natur und Kultur eine dialektische Verschränkung. Wobei: „Leib bezeichnet die Natur, die man selbst ist, Körper deren soziale Konstruktion" (S. 277) Für mich liegt daher eine Perspektive nahe, die sich mit der kulturellen Möglichkeit des Verstehens dem Gegenstand (Natur-Leib) nähert.

[2] Wilhelm Reich bietet eine hermeneutische Perspektive, in der der somatische Zugang eine zentrale Funktion einnimmt und die Person des Forschers das wesentliche Werkzeug der Forschung ist. Die strukturell bedingte „Wahrnehmungsfähigkeit" der Person auf der Basis der Ein- und Ausdrucksbewegungen gibt wichtige Hinweise auf die notwendigen Kompetenzen bei einer leiborientierten Forschung.

- Zur Beziehung zwischen W. Reich und der Phänomenologie: *Wilhelm Reich ist platt*
- Anmerkungen zur *verstehenden Naturwissenschaft*
- Zur Orientierung an die Kategorie Leben vgl.: *Warum lebendige Wissenschaft?* und *Lebendige? Soziologie*
- Mögliche Gründe, warum die Integration des Leibes so schwer fällt: *Maschinen Menschen*

Eine Zusammenfassung von Reichs Wissenschaftsverständnis: Ingo Diedrich: *Naturnah forschen*. Wilhelm Reichs Methode des lebendigen Erkennens. Berlin 2000

Geboren mit der Angst

27. Januar 2012

Angst

Seine Mutter brachte Zwillinge zur Welt: ihn und die Furcht.[1] Die Angst Opfer einer Gewalttat zu werden, begleitete Thomas Hobbes sein Leben lang.[2]

Diese Angst aller Menschen und deren "Wunsch nach Reichtum, Ehre, Herrschaft und jeder Art von Macht stimmt den Menschen zum Streit, zur Feindschaft und zum Kriege."[3]

Der Mensch ist demzufolge von Natur aus dem Menschen ein Wolf.[4]

---

[1] Meine Mutter „did bring forth Twins at once, both Me, and Fear." Hobbes zitiert nach Reemtsma, Jan Phillipp: Das Implantat der Angst. In: Miller, Max/ Soeffner, Hans -Georg (Hrsg.): Modernität und Barbarei, Frankfurt/M 1996, S.28-35. S.29

[2] Vgl. Münkler, Herfried: Thomas Hobbes. Frankfurt/M 1993. S.34/35: „Der Philosoph, der die Furcht vor dem Tode zum Grundmotiv seiner Philosophie gemacht hat, hat sein eigenes Leben weitgehend in Übereinstimmung mit diesem von ihm herausgestellten Grundantrieb geführt."

[3] Hobbes, Thomas: Leviathan. Stuttgart 1996. S.90/91

[4] Diese Annahme ist nicht nur unbelegt, sondern tut den „Kaniden Unrecht, die zu den geselligsten und kooperativsten Tieren" zählen, Frans de Waal: Primaten und Philosophen. München. 2011. S.21; Rommelspacher sieht hier den Versuch von Hobbes, den Menschen als noch schlimmer als die Tiere darzustellen. Vgl. Diedrich: *Auseinandersetzung-mit Gewalt.* S.219

> *So als ob die Wölfe sich ständig gegenseitig nach dem Leben trachten würden.*

Selbstüberwindung

Erst wenn der Mensch mittels Vertrag auf die naturgegebene Macht verzichtet entstehe eine glückliche und friedliche Gesellschaft.[1]

Zwei nie belegte Thesen sind hier enthalten:

- Der Mensch kann sich selbst über die eigene Natur erheben und
- in dieser Transformation entsteht etwas, das ein friedliches Miteinander ermöglicht.

> *So, als ob es ein Jenseits der Natur mit einem friedlichen Leben geben würde.*[2]

Diese Vorstellung wird bis heute tradiert.

Sigmund Freud folgte dem zwar mit schweren Herzen, aber mit heftigen Argumenten. Auch er sah die grundsätzliche "Feindseligkeit eines gegen alle und aller gegen einen."[3] Die Überwindung dieses Zustandes durch Kultivierung ist demzufolge eine fortwährende individuelle und gesellschaftliche Aufgabe.[4] Nur so könnten Kriege verhindert werden.[5]

---

[1] "Der große Leviathan (so nennen wir den Staat) ist ein Kunstwerk oder ein künstlicher Mensch – obgleich an Umfang und Kraft weit größer als der natürliche Mensch, welcher dadurch geschützt und glücklich gemacht werden soll." (Hobbes: Leviathan. S.5).
Vgl. Ingo Diedrich: *Aus-einander-setzung mit Gewalt.* Im Kapitel 3 gibt es eine ausführliche Darstellung der hier vorliegenden Argumentation.

[2] In der naturwissenschaftlichen Perspektive von Hobbes werden so religiöse Koordinaten auf Dauer integriert. Wilhelm Reich hat den Versuch vieler Menschen, sich von den eigenen Grundlagen zu trennen ausgiebig dargestellt (vgl. *Maschinen Menschen*). Diese Abspaltung drückt sich demzufolge in einer Gleichzeitigkeit des Mechanischen und Mystischen aus.

[3] Sigmund Freud: Das Unbehagen in der Kultur. 1930. S.407; "Homo homini lupus; wer hat nach allen Erfahrungen des Lebens und der Geschichte den Mut, diesen Satz zu bestreiten?" Freud (1930) S. 400

[4] Freud weist darauf hin, dass nach Kopernikus und Darwin er mit der Psychoanalyse der Menschheit eine weitere große Kränkung zugeführt habe, gegen die sie sich wehrt. Das mag sein, aber er hat auch mit seinem Kulturmodell die Kulturmenschen erhöht und gleichzeitig den Boden entzogen.

[5] Vgl. Freud, Sigmund: Warum Krieg? In: Freud, Anna/ Grubisch-Simitis, Ilse (Hrsg.): Sigmund Freud. Werkausgabe in zwei Bänden. Band 2. Frankfurt/M 1978, S.483-493

So als ob irgendwelche Naturvölker und nicht etwa die 'Kulturnationen' Europas den 1. Weltkrieg führten, gegen den er sich wandte.

Aber auch heute noch dominieren diese Koordinaten. Wenn mal wieder ein Gewaltexzess bekannt wird, wird nach der Stärkung der Zivilisation gerufen. Und Gewaltforscher wie Wilhelm Heitmeyer phantasieren über "naturvermittelte" Kategorien[1], an denen sich angeblich die Täter orientieren.

Gewalttäter bleiben so naturnahe Barbaren, die bei der Selbstüberwindung Defizite haben.

Die desintegrierende Gesellschaft produziere Orientierungskrisen, die ein Durchbrechen des Naturzustandes ermögliche. Wie bei Hobbes steht da wieder die Angst vor dem Chaos und Gewalt des natürlichen Menschen.

Potential

Aber gerade in Zeiten von Orientierungskrisen wäre es wichtig, von den kultivierten Größenphantasien abzulassen und real vorhandene Potentiale zu nutzen.

[1] Heitmeyer, Wilhelm: Rechtsextremistische Orientierungen bei Jugendlichen. Empirische Ergebnisse und Erklärungsmuster einer Untersuchung zur politischen Sozialisation. Weinheim 1992. S.67

Der Mensch hat tatsächlich Fähigkeiten entwickelt, die in der Tierwelt einzigartig sind.

Aber würden die Vögel ihre spezifischen Fähigkeiten so nutzen wie wir unsere, würde nur ein stolperndes Hüpfen herauskommen.

Fliegen ist eben kein Versuch, die Natur zu überwinden, sondern sie elegant zu variieren.

Die Frage, ob wir im Naturzustand 'gut' oder 'böse' sind, ist uninteressant.[1] Wir sind, was wir sind.

Wichtig ist die Frage:

> ***Wie lange wollen wir unser Menschsein noch über den Kampf gegen uns selbst definieren und so unsere Potentiale vergeuden?***

---

[1] Unter dieser Perspektive sind Rousseau und Hobbes nur zwei Seiten einer Medaille

Sex, Scrum und Arbeitsvermittlung

19. Dezember 2011

... was die Themen miteinander zu tun haben?

Ich lese gerade das Buch ‚Die Psychologie sexueller Leidenschaft', habe einen Workshop zum Scrum gemacht und an einer Projektevaluation zur Arbeitsvermittlung mitgearbeitet.

Und:

In allen Bereichen wird eine positive Entwicklung daraus abgeleitet, dass das Individuum immer wieder auf sich selbst zurückgeworfen wird.

Arbeitsvermittlung

Im Projekt können die Arbeitslosen eine Unterstützerstruktur nutzen. Bedingung ist: sie müssen wollen. Sie werden in keine Maßnahmen gedrängt, müssen keine Sanktionen befürchten, aber dafür aktiv den eigenen Weg gestalten.

Scrum

In diesem *Projektmanagement* stehen dem Team große Freiräume zur Verfügung. Es gibt sehr klare Strukturen, die diese Räume schützen. Sie können sie selbstverantwortlich und selbstorganisiert nutzen. Bedingung ist, dass sie sie eben selbstverantwortlich und selbstorganisiert nutzen.

Sex

Der Psychotherapeut Schnarch beschreibt, wie das alte Ideal der Verschmelzung regelmäßig in eine frustrierende Sackgasse führt. Die Autonomie sei die Grundlage für eine gelingende Sexualität. Dies eröffnet dem Individuum große Freiheiten. Es verlangt aber auch z.B. in der Umarmung auf eigenen Füßen zu stehen.

Diesen Doppelcharakter der Individualisierung hat Beck schon 1986 grundlegend beschrieben. Die bisher regulierenden Großstrukturen wie z.B. die Kirchen verlieren an Bedeutung. Das Individuum bekommt so Freiräume. Gleichzeitig erhält es aber auch die Last der Selbst-Regulation. Der äußere Druck wird so evtl. zur Selbstmotivation und Selbstdisziplinierung umgewandelt. Dies wird nun in den verschiedenen Bereichen durchdekliniert.

Das Leben wird so vielfältiger. Ob es ein emanzipatorischer Prozess ist, ist nicht so klar. Egal ob Sex, Scrum oder Arbeitsvermittlung: es lohnt sich genau hinzuschauen, wie sinnvoll dieser neue Maßstab tatsächlich ist.

Quellen:

Beck, Ulrich: *Risikogesellschaft*. Auf dem Weg in eine andere Moderne. 1986

David Schnarch: *Die Psychologie sexueller Leidenschaft*. 2009

Projektmanagement: planen, sprinten, träumen

30. Juni 2011

Planen

Projekte werden üblicherweise geplant. Noch bevor es richtig losgeht, wird der Verlauf fixiert. Es werden Ressourcen zugeordnet, Meilensteine festgelegt, Toleranzen berechnet usw. Dies kann ein mühsames und riskantes Geschäft sein.

Gut ist der Plan, wenn es gelingt, die kommende Realität an diesen anzupassen.

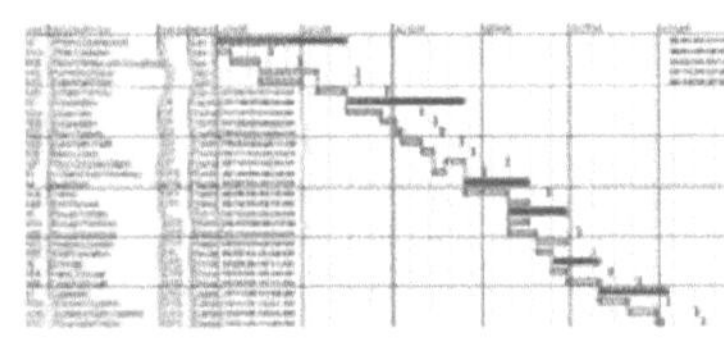

Die Dominanz der Struktur des Planes soll die vorhersehbare Zielerreichung sicherstellen.

Selbst sehr komplexe Projekte, wie der Bau eines Hochhauses können so bewältigt werden.

Sprinten

Insbesondere in der Softwareentwicklung werden mit dem „Agilen Projektmanagement“[1] neue Wege gegangen.

Auch hier gibt es ein Ziel, aber die Dynamik des Weges dorthin steht im Vordergrund.

Ein gutes Management verliert das Ziel nicht aus den Augen, bietet aber Strukturen, die möglichst viel Bewegung zulassen.

In „Scrum“ werden kurze Sprints definiert. Die Ergebnisse werden erprobt und fließen in die nächste Definition ein. Der „Master“ leitet nicht das Team. Er sorgt sich vielmehr um den geschützten Raum, in dem das Team selbstorganisiert die vereinbarten Anliegen umsetzt.

Auffällig ist, dass mit Hilfe sehr klarer Strukturvorgaben (Rollen, Verfahren usw.) Freiräume geschaffen werden, die eine große Dynamik ermöglichen. Starre Strukturen und heftige Bewegungen beziehen sich ähnlich wie im Rugby aufeinander.[2]

Das Projektmanagement plant nicht diesen Prozess, sondern begleitet ihn. Der Komplexität wird hier mit Agilität begegnet.

Träumen

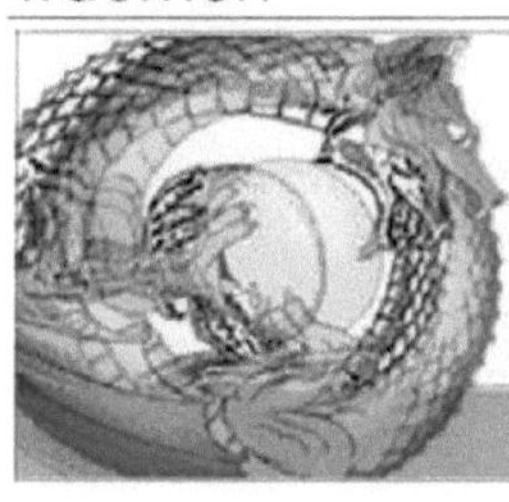

Die Vision wird im Projektmanagement des Dragon Dreaming[3] als Hinweis auf die schmerzliche Spalte zum Istzustand angesehen. Das Projekt ist somit eine Art Heilung, die von einer lockenden Zukunftsgestalt vorangetrieben wird. Aus der Imagination eines

[1] Zum Agilen Projektmanagement liegt sehr viel Literatur vor. Eine gute Einführung: Henning Wolf/ Wolf-Gideon Bleek: *Agile Softwareentwicklung.* Ein Einführung in Scrum bietet Ken Schwaber: *Agiles Projektmanagement mit Scrum.* Ins Detail geht Ralf Wirdemann: *Scrum mit user stories.*

[2] Scrum ist im Rugby das ‚Gedränge‘, die Sammlung, die Ruhe bevor der Sprint, die Bewegung freigesetzt wird. Ein *Übersichtsplakat* zu Scrum .

[3] Dragon Dreaming ist vor allem durch den Australier John Croft geprägt. In zahlreichen Seminaren insbesondere in Gemeinschaftsprojekten (Sieben Linden, Steyerberg u.a.) wird der Ansatz weiterentwickelt. Ein interessanter Text: John Croft: *Charismatische Kommunikation*: Ein Werkzeug zur Teambildung.

Individuums wird ein soziales Projekt und aus der Vision ein ausgehandeltes Ziel.

> An die Beteiligten stellt sich die Frage: „Was müsste während und durch dieses Projekt geschehen, damit Du weißt, dass Du Deine Zeit nicht sinnvoller hättest verbringen können?"

Die Entwicklung des Projektes geht einher mit einem Wachstumsprozess der Personen.

Im Projektmanagement wird darauf geachtet, dass die vier Bereiche eines Projektes (Träumen, Planen, Feiern und Handeln) gleichberechtigt zum Zuge kommen. Gerade dem Feiern wird eine besondere Bedeutung zugeschrieben:

> „Ohne eine gesunde Kultur des Feierns und der gegenseitigen Wertschätzung nähren wir uns nicht genügend, verlieren früher oder später die Freude am Tun und sind erschöpft." (John Croft)[1]

Die vier Bereiche sind die wesentliche Grundlage für das Gelingen und die Nachhaltigkeit. Der Rhythmus des Projektes wird dem Menschenbild angeglichen.

Dragon Dreaming versteht sich als Aufforderung, die eigenen Visionen ernst zu nehmen und Widersprüchen nicht aus dem Weg zu gehen. An dem Ort, an dem die Angst zunimmt, wird der Ort der noch schlummernden eigenen Kraft gesehen.

Technik-Leben

Die Unterschiede der drei Arten vom Projektmanagement liegen nicht im Grad der Dynamik. Auch wenn die beiden letztgenannten Methoden die Beweglichkeit sehr wichtig nehmen, so kann auch ein klassisches Projekt u.a. aufgrund von Druck eine starke Dynamik entwickeln.

Auch der Grad der Komplexität[2] bei den Projekten ist nicht ausschlaggebend. Die agile Methode tritt zwar an, Komplexität effektiv managen zu können, aber nach wie vor werden die meisten komplexen Projekte klassisch strukturiert.

---

[1] *dragondreaming.info (30.6.2011)*

[2] Zum Thema Komplexität vgl. zwei Blogartikel von Peter Wallner: *Ein Essay über Komplexität und das Leben*

Und mit Dragon Dreaming werden ganze Gemeinschaften gegründet und auch umfangreiche Softwareprojekte durchgeführt.

> *Die Frage ist vielmehr, inwieweit ein Projekt als ein technisches Problem oder als ein lebendiger Prozess verstanden wird.*

Im klassischen Verständnis erscheinen Menschen als auf bestimmte Eigenschaften reduzierte Ressourcen. Beim Dragon Dreaming werden demgegenüber gerade die typisch menschlichen Aspekte wie das Träumen und Feiern wichtig genommen.

Dies bestimmt die Beziehung zwischen Struktur und Bewegung. Auf der einen Seite wird die quantifizierte Arbeitskraft in einer kausalen Abhängigkeitskette integriert. Und auf der anderen Seite wird ein auf Heilung und Wachstum orientierter Prozess initiiert.

Dazwischen liegt das *Agile Projektmanagement.*[1] Die Softwareentwicklung erscheint hier als ein technischer Vorgang, der als ein sozialer Prozess gestaltet wird.

---

[1] In der Animation "*Human-centered design meets Agile Development*" wird die agile Methode unter dem Aspekt der Zentrierung auf den Menschen diskutiert. Kann auch ein Bauprojekt realisiert werden?

Übergänge gestalten

14. Dezember 2010

Im Zuge der Individualisierung ist die Bedeutung von Übergängen ständig gestiegen.

Die Jugend war schon immer eine Zeit der Übergange. Aber während diese früher stark von außen strukturiert wurden, erscheinen sie heute als zu gestaltendes Problem. Der Übergang von der Schule in die Berufswelt nimmt nach wie vor eine besondere Rolle ein.

Haupt- und FörderschülerInnen müssen diesen Übergang früh meistern. In dem „Projekt Zukunft" von IFAS [1] werden diese Jugendlichen durch persönlichkeitsstärkende und berufsbezogene Maßnahmen darauf vorbereitet. In der wissenschaftlichen Begleitung [2] habe ich u.a. 20 Jugendliche dazu interviewt.

---

[1] Institut für angewandte Sozialfragen gGmbH (*IFAS*)

[2] Vgl. Ingo Diedrich: *Wissenschaftliche Begleitung des Modellprojekts „Zukunfts- und Berufsplanung für benachteiligte Jugendliche in Südniedersachsen"*. Institut für berufliche Bildung und Weiterbildung (ibbw). Göttingen 2010

Doppelte Berufsintegration

> *Die Jugendlichen müssen nicht nur einen Platz in der Berufswelt finden, sondern die Berufswelt muss auch ein Platz in ihrer Biografie bekommen.*

Nur wenn sie eine positive Bedeutung erhält – als sinnvoll erscheint – wird sie auch angenommen. Diese Integration kann sehr unterschiedlich aussehen. Vier kurze Beispiele:

Claudia – Integration durch Talent

Claudia will ihr Talent umsetzen und Grafikdesignerin werden. Dies ist ein individualistischer Akt der Selbstverwirklichung. Gleichzeitig ist es aber auch ein Versuch der Reintegration der Familie. Sie hat bei den älteren Brüdern gesehen, wie die Familie durch die Ausbildung auseinanderfällt. Indem sie wie diese eine Computerarbeit wählt und wie der Vater ihr kreatives Talent umsetzt, kann sie von einer Zusammenarbeit mit diesen träumen. Der schmerzliche Schritt des Loslassens erscheint so als Integration der Familie innerhalb der Berufswelt.

Mehmet – geschoben und gezogen

Mehmet tritt als noch angepasstes Kind auf, das nichts falsch machen will. Er sucht einen Schutzraum, in dem er sich dem schweren Thema nähern kann, ohne tatsächlich eigenständig werden zu müssen. Personen seines Vertrauens sind die Brücken, die ihn in die fremde Berufswelt leiten. Den äußeren Druck, einen Schritt zu tun, kann er so als Ausdruck seiner Kompetenzen Einfühlungsvermögen und Anpassungsfähigkeit erleben.

Denise – realitätstüchtig

Denise will sehr gerne mit Tieren arbeiten. Im Laufe des Projektes verabschiedet sie sich aber langsam davon. Sie identifiziert diesen Wunsch als „Traum“ und als „Kinderwunsch“. Ihre Schritte erscheinen so als Weg in die Erwachsenenwelt. Sie orientiert sich an der Welt der Mutter und wird einen sozialen Beruf erlernen. Für ihren Traum hat sie sich mit einem „Pflegepferd“ eine Nische in der Freizeit freigehalten.

Markus – unnormal angepasst

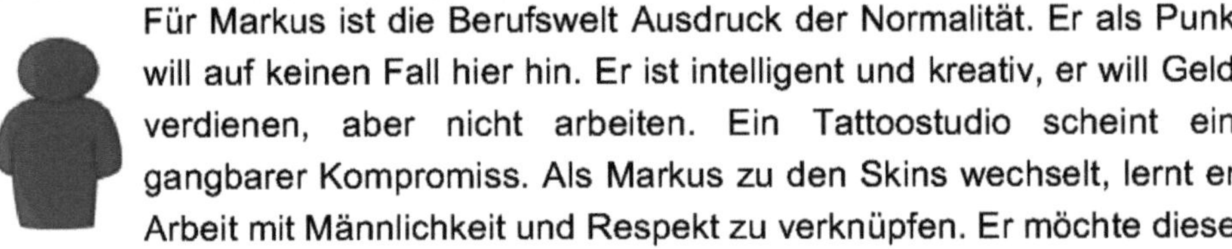

Für Markus ist die Berufswelt Ausdruck der Normalität. Er als Punk will auf keinen Fall hier hin. Er ist intelligent und kreativ, er will Geld verdienen, aber nicht arbeiten. Ein Tattoostudio scheint ein gangbarer Kompromiss. Als Markus zu den Skins wechselt, lernt er Arbeit mit Männlichkeit und Respekt zu verknüpfen. Er möchte diese Anerkennung – aber nicht normal werden. Er wird als Mediengestalter arbeiten, um so Geld für seine unnormale Arbeit im Tattoostudio zu erwirtschaften. Nur über diese Konstruktion ist für Markus ein Schritt in die Berufswelt gangbar.

Biografie orientierte Begleitung

Die SchülerInnen benötigen zur konstruktiven Bewältigung des Übergangs Informationen über die fremde Berufswelt und Werkzeuge, sich auf sich und die eigene Biografie einzulassen.

Begleitung gelingt, wenn BegleiterInnen als Insider der Berufswelt auftreten und als solche den Kontakt mit der Welt der Jugendlichen suchen. Sie konstruieren mit den Jugendlichen einen gemeinsamen Raum, in dem die gegenseitige Erkundung im Vordergrund steht.

Die Jugendlichen können so als Experten der eigenen Biografie neue Erfahrungen integrieren. Die Berufswelt kann einen Sinn bekommen. Aber auch die Begleitung wird aufgrund des Einlassens auf die Jugendlichen ihre Interpretation der Berufswelt fortlaufend ändern.

Die Öffnung im gemeinsamen Kontaktfeld ist der Kern einer guten Übergangsbegleitung. Veränderung benötigt Sicherheit und Öffnung. So kann sich die Kompetenz entwickeln, Krisen nicht als Abbruch und Ausstieg, sondern als Übergang zu gestalten.

Die Ausbildung der Lehrkräfte bietet leider nur wenige Ansatzpunkte für so eine Begleitungsarbeit. Aber auch die Fortbildungen in diesem Bereich stehen hier allenfalls am Anfang.[1]

---

[1] Vgl. Ingo Diedrich, Tilman Zschiesche: *Bestandsaufnahme des Fort- und Weiterbildungsangebots für Lehrkräfte an beruflichen Schulen …* . ibbw 2009. Vgl. auch: Ingo Diedrich, Tilman Zschiesche: *Zur Professionalisierung von sozialpädagogischen und weiteren Fachkräften im Übergang von der Schule in die Arbeitswelt.* ibbw 2009

Wilhelm Reich ist platt

30. November 2010

„Der Wilhelm Reich ist doch platt, nehmen Sie lieber Helmut Plessner“

Als Student wollte ich eine Hausarbeit über „Wilhelm Reich und Macht“ schreiben und bekam vom Prof diese Antwort.

Wilhelm Reich bietet ein stringentes Modell an, aber im Kern war er Empiriker. An dem Abstraktionsgrad eines Plessners gemessen, erscheinen seine Schriften tatsächlich schlicht. Reich ist weder ein Philosoph noch ein Experte der Philosophie. Er verortet sich „außerhalb der philosophischen Streitgebiete.“[1]

„[...] Prüfungen der Denkmethoden sind oft und von philosophisch geübteren Forschern unternommen worden. Meine Aufgabe beschränkt sich darauf, nach dem gemeinsamen Prinzip zu suchen, das das typische menschliche Irren beherrscht.“

[1] Wilhelm Reich: Äther, Gott und Teufel, Frankfurt/M 1987. Die drei Zitate befinden sich auf S.43 und S.44

So verweist er bei Philosophen auf die Unsicherheiten in der Beurteilung der eigenen Wahrnehmung und hat den Eindruck, „als hätten sich berühmt gewordene philosophische Schulen in leere Zwangsgrübelei verrannt (z.B. Husserl)."

Phänomenologie

Auf dem Soziologentag 2010 bin ich an zwei Stellen wieder von der Phänomenologie berührt worden.

Max Scheler

Joachim Fischer hielt einen engagierten Vortrag über den Wandel von Max Scheler vom Klassiker der Soziologie hin zu dessen Exklusion. Ich habe daraufhin erst einmal eine kleine Biografie über Scheler gelesen.[1] Scheler ist eine sehr spannende Persönlichkeit, geprägt von großen Widersprüchen und einer gelebten Intensität.[2] Es gab da viele Aussagen, die mir gefallen haben:

> *„Die exakte Wissenschaft […] kann […] nur richtig […] gewürdigt werden, wenn man ihr das Ziel setzt, Natur beherrschbar und berechenbar zu machen, nicht aber sie zu erkennen."*[3]

Aber auch die zentrale Bedeutung der „Liebe" für die Forschung finde ich bestechend. In den Worten des Philosophen: Philosophieren ist ein „liebesbestimmter Actus der Teilnahme des Kerns einer endlichen Menschenperson am Wesenhaften aller möglichen Dinge."[4]

---

[1] Wilhelm Mader: Scheler. Reinbek 1980

[2] Das Foto stammt von der Seite der *Max Scheler Gesellschaft*

[3] Scheler 1906 zitiert nach Mader S. 33

[4] Scheler GW 5,68. Zit. Nach Mader S. 51. Vgl. dazu Berman über Reichs Wissenschaftsverständnis: "Wer weiß denn nun mehr von der Natur, von der 'Wirklichkeit'? Derjenige, der sie umarmt und liebkost, oder der, der sie mit Gewalt nimmt, sie belästigt, wie Bacon uns drängte? Es ist die epistemologische Folge von Reichs Arbeit, dass Gewissheit über die Wirklichkeit zu haben vom Lieben abhängt – ein bemerkenswerter Schluss." Berman, Morris: Wiederverzauberung der Welt. Am Ende des Newtonschen Zeitalter, Hamburg 1985. S.194

Es gab aber auch Aspekte von Scheler, zu denen ich (noch) keinen Zugang habe.

Hermann Schmitz

Bei den Körpersoziologen (u.a. Robert Gugutzer) wurde immer wieder auf einen weiteren Phänomenologen verwiesen: Hermann Schmitz. Die Lektüre eines seiner Bücher[1] macht richtig Freude.

Ausgangspunkt ist die „unwillkürliche Lebenserfahrung" (7) und der Fortschritt besteht darin, „immer genauer zu merken, was merklich ist" (14). Ihn interessiert die „Ablenkung" von diesem Merken:

„Die unwillkürliche Lebenserfahrung kann nur freigelegt werden, wenn ihre Verstellungen und Verzerrungen durch die geschichtliche Prägungen, die im Normalbewusstsein der heutigen Menschen zu Selbstverständlichkeiten verkrustet sind, auf- und abgearbeitet werden."[2] (19)

In Begriffen wie „leibliche Kommunikation", „affektive Betroffenheit", aber auch dem „innerleiblichen Dialog von Engung und Weitung"(38) sehe ich große Anknüpfungspunkte für die Reichsche Perspektive.

Trotz großer Ähnlichkeiten gibt es aber eben auch Unterschiede in der Perspektive und Inhalten. Dies macht das Zusammendenken der Modelle ja gerade spannend. Während Reich z.B. die Charakterstruktur als ein wesentliches Gütekriterium des Forschers benennt und quasi festschreibt, geht es Schmitz auch um ein Verfahren, sich trotz dieser hemmenden Struktur dem Forschungsgegenstand anzunähern. Aber auch seine Kritik an der Vorstellung von Singularität finde ich für Reichs Konzept von *Kontakt* anregend.

---

[1] Hermann Schmitz: Kurze Einführung in die Neue Phänomenologie. Freiburg. 2010

[2] Die Parallelen zu Reich Konzept von *Panzerung* sind offensichtlich.

Philosophische Anknüpfung

Es gibt schon mehrere Verknüpfungen von Wilhelm Reichs Arbeiten mit philosophischen Autoren. Da ist z.B. das LSR-Projekt von Bernd A. Laska. Er stellt Reich in eine Reihe von Julien Offray de La Mettrie und Max Stirner.[1] Andreas Hellmann diskutiert Reichs Thesen mit Bezug auf verschiedene Autoren wie z.B. Michel Foucault und Gilles Dileuze.[2]

Mir sind gerade Hermann Schmitz und die „Neue Phänomenologie“[3] wichtig. Mal schauen, wo mich die Lektüre hinführt. Eins ist aber klar: Ich hätte mich damals doch mehr mit Plessner beschäftige sollen, anstatt eine mäßige Arbeit über Reich und Macht zu schreiben.

---

[1] Bernd A. Laska: *LSR-Projekt*.

[2] Andreas Hellmann: Perspektiven der Lebensenergieforschungen im 20. Jahrhundert. Marburg 2004

[3] Vgl. *Gesellschaft für Neue Phänomenologie*. Das Foto von Hermann Schmitz stammt von dieser Seite

Öko und Glück

22. November 2010

„Bekannte aus Tübingen meinen ja: „Die Schwaben sind die wahren Ökos."

Aber macht schwäbische Sparsamkeit auch glücklich?

Die meisten Ökos verorten sich eher im alternativen Milieu. Aber führt der dort anzutreffende Hedonismus tatsächlich zu einer nachhaltigen Lebensweise? Und vor allem: sind die glücklich?

Und umgekehrt: unglückliche Menschen können durch einen exzessiven Konsumstil auffallen – oder auch nicht. Aber wie nutzen glückliche Menschen ihre Umwelt?

Maik Hosang will die Nachhaltigkeitsforschung mit der Glücksforschung verbinden[1]. Aber wenn man zwei so fremde Bereiche wie Glück (eher Emotion, nach innen weisend) und Nachhaltigkeit (eher Handlung, nach außen weisend) direkt in Beziehung setzt, wird es kompliziert. Das Wort Wechselwirkung kaschiert nur, dass man sich im Henne und Ei Paradox verfängt.

---

[1] Maik Hosang: *Tiefenkulturelle Widerstände und Chancen: Warum braucht Nachhaltigkeit Gefühls- und Glücksforschung?* In: Gaia 3. 2007. S. 181-186. (*www.oekom.de/gaia*)

Hosang schlägt daher vor, eine weitere Dimension mit einzubeziehen: In Anlehnung an Bahro bezieht er beide Bereiche auf eine „Tiefenstruktur“, die durch „Grundemotionen“ geprägt ist.

Neben dieser vielversprechenden Perspektive möchte ich in Anlehnung an Wilhelm Reich eine weitere Perspektive skizzieren: Der *glückliche Organismus* wird über die zugrunde liegende Lebensfunktion (Pulsation) mit der *nachhaltigen Ökologie* in Beziehung gesetzt. Nicht Kausalitäten, sondern Analogien, Identitäten und funktionalistische Zusammenhänge werden hier aufgegriffen.[1]

Glücklicher Organismus

Die verschiedenen Aspekte eines Organismus wie der Körper, die Psyche und der Verstand lassen sich auf die Funktion der Pulsation zurückführen[2]. Die kontrahierende und expandierende Bewegung der Atmung ist dafür ein gutes Beispiel. Aber auch die Pole Angst (Kontraktion) und Lust (Expansion) deuten an, was gemeint ist.

Die Qualität der zugrundeliegenden Pulsation drückt sich auf den verschiedenen Ebenen entsprechend aus. Wenn sie z.B. auf der expansiven Seite gehemmt ist,[3] zeigt sich das in einer zurückhaltenden Atmung bzw. Lust. Die Zurückhaltung geht einher mit entsprechenden Widersprüchen, Abspaltungen und Blockaden im Organismus. Dies kann z.B. als Charakterstruktur beschrieben werden.[4]

In Momenten weitgehend ungestörter Pulsation ist der Organismus integriert und agiert als Einheit. Es ist eine Situation des Kontaktes. Der emotionale und körperliche Ausdruck ist nicht gehemmt und aufgrund der Selbstwahrnehmung erleben wir uns als glücklich.

Pulsation und Glück kann man nicht machen, sondern nur zulassen.

---

[1] Vgl. Ingo Diedrich: *Naturnah forschen. Wilhelm Reichs Methode des lebendigen Erkennens.* Berlin 2000

[2] Vgl. z.B.: Wilhelm Reich: Die Entdeckung des Orgons Bd.1. Die Funktion des Orgasmus (1942), Köln 1987. S. 200ff

[3] Visualisierte Einführung in die Bremsung: *http://orgonomische-sozialforschung.de/Jugend_Gewalt_Bremsung.htm*

[4] Wilhelm Reich: Charakteranalyse (veränderte 3.Aufl.1949), Frankfurt/M 1981

Versuche z.B. durch joggen oder meditieren Glück *herzustellen*, sind Ausdruck der Zurückhaltung und nicht deren Überwindung.[1] So wird allenfalls eine Angleichung an ein Bild von Glück erreicht.

Nachhaltige Ökologie?

Auch die wichtigsten Ebenen der Ökologie können wir als Variation der Pulsation verstehen. Entsprechend der Atmung und der Psyche kommt auch hier die Qualität der zugrunde liegenden Pulsation zum Ausdruck: Widersprüche, Abspaltungen, Blockaden usw.[2] Wenn die eigenen Fäkalien nur noch als Abfall angenommen bzw. entsorgt werden oder Lebensmittel für die Halde produziert werden, ist dies ein Merkmal dafür.

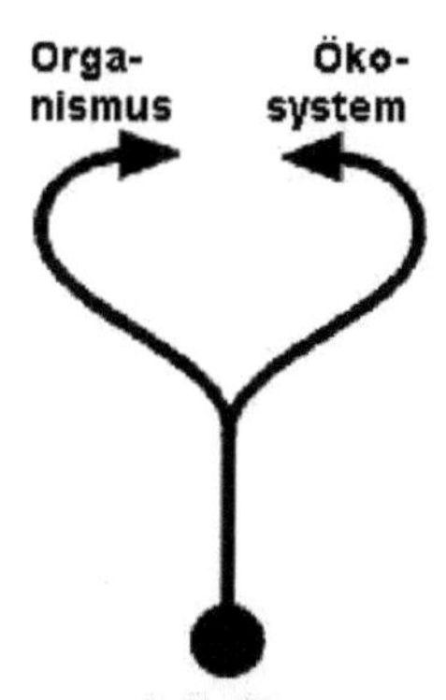

Wie auch beim Organismus gilt: Pulsation bzw. eine *richtige* Ökologie kann man nicht machen.

Nachhaltigkeitsdiskussionen, die eine ökologische Gesellschaft *herstellen* wollen, entsprechen meist der Fragestellung, ob joggen oder meditieren besser ist. Sie sind vielleicht politisch sinnvoll, führen aber nicht zu dem Zustand, der im Organismus als Glück erlebt wird. Solange mir die Ausdrucksbewegungen meiner Umwelt fremd sind, kann ich mich anstrengen wie ich will, ich werde als Fremdkörper agieren und das Ökosystem nachhaltig stören.

Solange versucht wird, die Ökologie in den Griff zu kriegen, ist dies Ausdruck der *Zurückhaltung*. Dies gilt unabhängig von der Qualität des anvisierten Maßstabs. Ein nachhaltiger Ökodiskurs zeichnet sich dadurch aus, dass Wege gefunden werden, den Kontakt *zuzulassen*, die zugrunde liegenden Gesetzmäßigkeiten für sich als gültig anzunehmen. Alles was dazu führt, sich als ein eingebundenes Wesen anzunehmen stärkt Kontakt und integriert die ökologischen Einheiten.

---

[1] Vgl Begriff der „moralischen Regulierung" in Wilhelm Reich: Die sexuelle Revolution (1936), Frankfurt/M 1985. S. 27 ff. vgl. ausführliche Darstellung des Dreischichtenmodells in Ingo Diedrich: Aus-einander-setzung mit Gewalt. S.297ff.*http:/material.or-so.de/Aus-einander-setzung_mit_Gewalt.pdf*

[2] Vgl. z.B. zur Wüstenbildung bzw. Erstarrung der Atmosphäre Wilhelm Reich: Orop Wüste. Zweitausendeins (1997)

Zulassen der Pulsation

Die schwäbische Sparsamkeit ist Ausdruck einer protestantischen Moral[1] und nicht einer integrierten ökologischen Einheit. Es ist ein Versuch, das Leben durch gottgenehme Askese in den Griff zu bekommen.

Dem alternativen Milieu ist der strenge Gott verlustig gegangen. Stattdessen orientieren sie sich starr an Biozertifikaten und lassen gleichzeitig zweimal im Jahr im Flug in die weite Welt die ökologische Sau raus. Und Glück ist für sie ein großes Rätsel.

Beide Orientierungsmodi haben eins gemeinsam: das starke Misstrauen gegenüber der eigenen biologischen Konstitution bzw. dem pulsierenden Leben.

Für uns als Krönung der Schöpfung ist es sehr schwer, unser verwurzelt sein im Pulsieren einfach anzunehmen[2]. In diesem Punkt ist uns jede Amöbe haushoch überlegen.

---

[1] Vgl. Max Weber: Die protestantische Ethik und der Geist des Kapitalismus. Köln 2009. S 81ff

[2] Vgl Wilhelm Reich: Die Massenpsychologie des Faschismus. (1.Aufl 1933, 3.erweiterte Auflage 1942), Köln 1986. S.295ff

Verstehende Naturwissenschaft (Wilhelm Reich)

5. Oktober 2010

„Geht es um die Erzeugung und Ordnung neuen Wissens, müssen naturwissenschaftliche, technische und sozialwissenschaftliche Daten, Methoden und Theorien integriert werden.“[1]

Für neues Wissen müssen alte Grenzen zugunsten neuer Einheiten aufgegeben werden. Eine einfache Regel, aber schwer umzusetzen. Spezialisten müssten ihre Sicherheit aufgeben und sich neu orientieren.

Maik Hosang beschreibt in seinem Text „Natur-Kultur-Mensch“[2] wie schwer sich selbst Projekte damit tun, die in der sozial-ökologischen Forschung arbeiten.

Umso mehr erstaunt die Leichtigkeit, mit der Wilhelm Reich Disziplingrenzen überschritt und z.B. durch Integration somatischer und psychologischer

[1] Bundesministerium für Bildung und Forschung (BMBF): *Rahmenkonzept Sozial-ökologische Forschung*. Bonn. .Juni 2000. S12. *http://www.isoe.de/ftp/rahmenkonzept.pdf*

[2] Maik Hosang : *Natur-Kultur-Mensch. Theorieansätze in der sozial-ökologischen Forschung*. Stand, Probleme und Empfehlungen *http://www.homo-integralis.de/Institute/ifis/abschlussbericht.pdf*

Forschung, die Grundlage der heutigen körperorientierten Psychotherapie legte.

Zwei Gründe sollen hierzu genannt werden:

Wilhelm Reich nahm sich sehr ernst

In seiner Arbeit als Psychoanalytiker war klar, dass die eigenen Emotionen ein zentraler Beitrag im gemeinsamen Forschungsprozess mit dem Klienten sind. Die eigene Wahrnehmung wird fortlaufend reflektiert.

Diese wissenschaftliche Haltung behielt er z.B. auch bei der Erforschung der Amöben bei. Zwar ging es nicht um die Psyche, so doch um eine forschende Beziehung zwischen Lebewesen. Auch hier galt es die Wahrnehmung und mit ihnen die Emotionen zu reflektieren. Erst über die Kenntnis der eigenen Ausdrucksfähigkeit, kann der wahrgenommene Ausdruck der Amöbe interpretiert werden. Die Qualität der eigenen Struktur ist ausschlaggebend für die Kontaktfähigkeit zum Objekt und somit zur Erkenntnis.

Nicht die Eliminierung der Subjektivität zugunsten der disziplinären Ordnung, sondern die explizite Nutzung derselben ist das wissenschaftliche Credo. Forschen heißt, die eigenen Wahrnehmungen bzw. das Empfinden ernst zu nehmen und reflektiert einzusetzen. Der Forscher ist das zentrale Werkzeug des Forschungsprozesses.

Wilhelm Reich nahm den Forschungsgegenstand sehr ernst

Neben der eigenen Struktur ist die Zugangsmöglichkeit zum Forschungsobjekt zentral für die Forschungsbeziehung. Es geht darum, diesem in einem möglichst unverstellten Kontakt gerecht zu werden.

Dies wendet sich auch gegen Vereinnahmungen durch die Wissenschaftsdisziplinen. Übliche Verfahren, wie z.B. das Abtöten vor dem mikroskopieren wurden von Reich abgelehnt. Er wollte einen Zugang zum Lebewesen Amöbe haben und musste Methoden entwickeln, diese auch lebendig zu erforschen.

Diese Konzentration auf die Zugangsmöglichkeiten zum Objekt führt auch zu anderen Einteilungen der Forschung. Eine disziplinorientierte Trennung zwischen somatischen und sozialen Prozessen bzw. Natur- und Sozialwissenschaften erscheint hier fragwürdig. Beides sind lebendige Ausdrucksformen und bieten somit einen ähnlichen Zugang. Wichtiger ist die Unterscheidung zwischen Leben und Nichtleben.

Verstehende Naturwissenschaft

- Wilhelm Reich verstand sich als *Naturwissenschaftler.*
- Aber wie ein *verstehender Sozialwissenschaftler* suchte er den Zugang zum Gegenüber.
- Und weit über diese hinausgehend reflektierte er die Struktur des Forschers als zentrales Werkzeug.

Diese verstehende Naturwissenschaft war sehr produktiv.

Das Wagnis, die eigene Subjektivität ernst zu nehmen und sich an den Objekten zu orientieren, führt vielleicht zu neuem Wissen, aber eben auch zur Herauslösung aus disziplinären Orientierungen. Reichs Forschungen stehen bis heute außerhalb der anerkannten Wissenschaft.

Von daher wundert es nicht, dass es so schwer ist, die Aufforderung des BMBF zur Generierung von neuem Wissen zu folgen.

Weitere Quellen

Wilhelm Reich: *Äther, Gott und Teufel.* (Original 1949) Frankfurt/M 1987

Wilhelm Reich: Orgonomic Functionalism. In: Orgone Energy Bulletin. New York 1950 Bd.2

Ingo Diedrich: *Naturnah forschen.* Wilhelm Reichs Methode des lebendigen Erkennens. Berlin 2000

Kontrolltheorie (Travis Hirschi)

15. August 2010

Das KFN hat festgestellt, dass zwischen religiöser Einbindung und Gewalt ein positiver Zusammenhang bestehen kann.[1] *Criminologia*, der Kriminologenblog der Uni Hamburg, hält das für eine „kleinere Sensation“, [2] weil es Grundaussagen der Kontrolltheorie widerspricht.

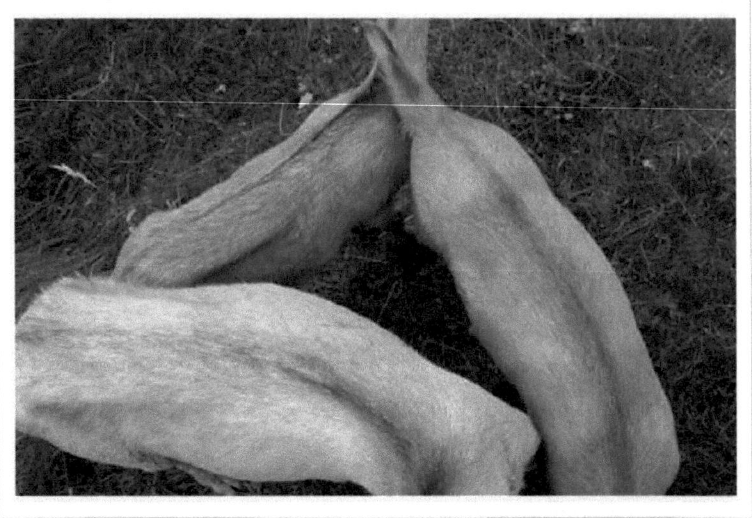

Was ist die Kontrolltheorie?

Die Kriminologie beschäftigt sich mit Abweichung insbesondere von rechtlichen Normen. Eine der bekanntesten Theorien dazu ist die „Soziale Kontrolltheorie“ nach Travis Hirschi. Kontrolltheoretiker fragen nicht: was führt zur Abweichung, sondern was verhindert sie?

---

[1] Vgl. Baier, D., Pfeiffer, C. & Rabold, S.: *Kinder und Jugendliche in Deutschland*: Gewalterfahrungen, Integration, Medienkonsum : Zweiter Bericht zum gemeinsamen Forschungsprojekt des Bundesministeriums des Innern und des KFN. Hannover 2010; *Zusammenfassung*

[2] Christian Wickert: *KFN legt zweiten Forschungsbericht zur Jugengewalt, Integration und Religiosität vor*, 16.6.2010 in Criminologia

Die Antwort ist einfach: Die Anbindung an gegebene gesellschaftliche Strukturen führt zu einer Ausrichtung an deren Vorgaben. Das folgende Bild bringt diese Perspektive auf den Punkt:

Das „Schaf auf der ungezäunten Wiese braucht einen Pflock mit einem Strick um den Hals, an dem es angepflockt ist, damit es seinen Aktionskreis nicht verlässt."

„So wie das Schaf an der Leine schlafen, essen, brüllen, die Sonne genießen, ja sogar versuchen kann, mit gekreuzten Vorderbeinen zu laufen, so müssen die jungen Leute lernen, dass das Leben gebunden an Konformität vielseitig, erfreulich, belohnend und interessant, ausfüllend sein kann."[1]

Dies ist das in der Kontrolltheorie vorherrschende Menschenbild. Ein Pflock ist z.B. die Familie und die Religion. Für Hirschi bauen diese Elemente aufeinander auf und leiten sich letztlich aus der Natur ab. Demzufolge hält er sich auch nicht mit Gedanken über Leitkulturen auf, sondern geht gleich von einem Konsens innerhalb der Gesellschaft aus.

Stabile Abweichung

Die Integration des „asozialen Individuums" in diese Gesellschaft muss bis ungefähr zum 7. Lebensjahr gelingen. Anschließend sei der Charakter stabil und die Person würde sich immer abweichend bzw. kriminell verhalten.

„Wenn jammernde und drängelnde Kinder die Erwachsenen werden, die durch Raub und Vergewaltigung auffallen, dann muss Jammern und Drängeln das theoretische Äquivalent zum Raub und Vergewaltigung sein."[2]

---

[1] Friday, Paul C./ Kirchhoff, Gerd Ferdinand: Social Control-Theory. In: Schwind, Hans – Dieter/ Kube, Edwin/ Kühne, Hans-Heiner (Hrsg.): Festschrift für Hans Joachim Schneider zum 70. Geburtstag am 14. November 1998, Berlin 1998, S.77-104, S.83

[2] Hirschi, Travis/ Gottfredson, Michael R.: Substantive Positivism and the idea of crime. In: Hirschi, Travis/Gottfredson, Michael R. The generality of deviance. New Brunswick, New Jersey 1994, S.253- 270. „If children who offend by whining and pushing and shoving are the adults who offend by robbing and raping, it must be that whining and pushing and shoving are the theoretical equivalents of robbery and rape."

Untersuchungen zur Kriminalitätskarriere sind aus dieser Perspektive genau wie eine differenzierte Betrachtung der sozialen Welten und Interaktionen überflüssig.

Gewalt und Religion

Das KFN stellt nun u.a. fest, dass „Migranten ohne Konfessionszugehörigkeit in jeder Hinsicht am besten integriert" seien. Sie differenzieren verschiedene Formen von Religiosität und schreiben noch ganz im Sinne von Hirschi, dass: „Je stärker Jugendliche in ihrem Glauben verankert sind, umso seltener begehen sie einen Ladendiebstahl oder haben Alkoholprobleme."

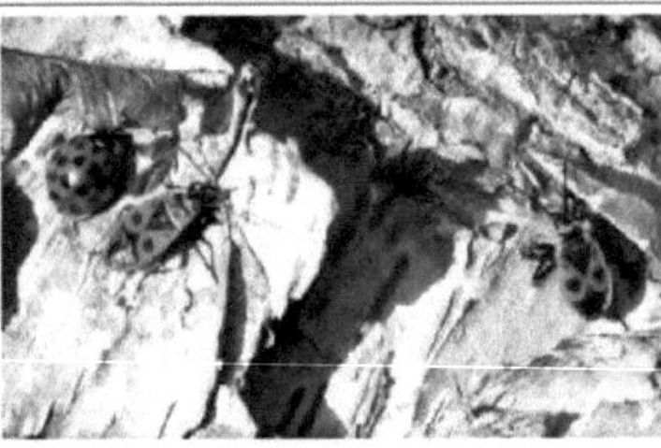
Siehe auch: *Kinder, die drängeln und plärren ...*

Aber: „Für junge Muslime geht [...] die zunehmende Bindung an ihre Religion mit einem Anstieg der Gewalt einher."(1, Zusammenfassung)

So eine differenzierte Diskussion über den Bezug der Religion zum abweichenden Verhalten ist für eine wissenschaftliche Institution selbstverständlich. Umso vielsagender ist es, wenn diese Aussagen als „kleinere Sensation" gewertet werden, weil sie nun einmal Grundannahmen der Kontrolltheorie widersprechen.

Mitgeschleppter Klassiker

Die Kontrolltheorie ist über vierzig Jahre alt und wurde vor ca. zwanzig Jahren von Hirschi aktualisiert und verschärft. Noch in den 90er Jahren war dieser Ansatz unter deutschen Kriminologen die bedeutendste Theorie!![1]

Auch heute noch gilt er als „Klassiker", der nicht mehr gelesen und diskutiert, aber immer noch hoch geschätzt und mitgeschleppt wird.

Eine ausführliche Beschreibung und Diskussion der Sozialen Kontrolltheorie nach Travis Hirschi findet sich auch in dem Text *„Aus-einander-setzung mit Gewalt"* in Kapitel 3.3.

[1] Niggli, Marcel Alexander: Kriminologische Theorien und ihre Bedeutung für Kriminologen in Deutschland, der Schweiz und den USA – Ein empirischer Vergleich. In: Monatszeitschrift für Kriminologie und Strafrechtsreform, 5/1992, S.261-277. S.267

Warum lebendige Wissenschaft?

10 August 2010

Wir leben in einer sehr privilegierten Situation.

Ich kann jederzeit gute Musik hören, im Winter muss ich nicht frieren, bei Verletzungen stehen chirurgische Werkzeuge zur Verfügung und mit dem Auto kann ich zum nächsten Badesee fahren.

All das basiert auch auf einer Wissenschaft, die vor ca. 300 Jahren ihren Siegeszug begann und sich am Leitbild der damaligen Physik orientiert. Im Kern wird versucht, die Erscheinungen der Welt in möglichst lineare kausale Abhängigkeiten zu übersetzen.

Diese Art sich mit der Welt auseinander zu setzen, hat zu einer Explosion von Kreativität geführt. Innerhalb von wenigen Jahrzehnten wurde Wissen gesammelt, wie in tausenden Jahren vorher nicht. Der Nutzen, den wir aus dieser Wissenschaft ziehen, ist kaum zu überschätzen.

Eine Verlockung wird dabei meist übersehen: diese Art der Weltaneignung schafft Ruhe. Sobald die Uneindeutigkeiten in Kausalketten übersetzt sind, können beherrschbare Faktoren definiert werde. Deutlich wird dies an Maschinen. Sie haben teilweise ungeheure Kräfte und können doch von uns reguliert werden. Oder der Computer: letztlich kann alles in 1 und 0 übersetzt werden.

Alles scheint geordnet werden zu können. Ordnung schafft Übersicht, Sicherheit und somit Ruhe.

Die Ordnung des unwägbaren Restes scheint eine Frage der Zeit. Wie Zygmunt Bauman[1] zeigte, ist dies ein Grundirrtum der Moderne.

Grenzen

Das herrschende Wissenschaftsverständnis bedarf dringend einer Ergänzung. Wir benötigen eine Perspektive des Zugangs und nicht der Ordnung.

Zwei Gründe:

- Intern stößt dies Denken immer deutlicher an seine Grenzen. Linearität wird durch Vernetzung ersetzt und die Kausalität wird immer häufiger in Frage gestellt. Die so entstehenden Modelle entsprechen weder den eigenen Idealen, noch sind sie gut handhabbar.
- Zentrale Fragen unseres Lebens wie z.B. Kontakt, Gesundheit, Zuversicht, Intensität und Liebe können so nicht sinnvoll bearbeitet werden; Maschinen haben das nicht.

Im Unterschied zu den Maschinen sind wir lebendige Wesen und Disziplinen wie Biologie und Lebenswissenschaften müssen sich endlich als solche ernst nehmen. Das Leben als kybernetische Maschine zu betrachten führt allenfalls zum Verständnis einer „Biomaschine",[2] aber nicht zum Verständnis lebendiger Prozesse.

Lebensforschung

Um dem „Forschungsgegenstand" Leben gerecht zu werden, muss es in seinen Eigenheiten auch die Forschung selbst bestimmen. Das Leben ist weder linear noch kausal. Leben pulsiert, ist immer in Bewegung, lässt keine „Nullpunkte" zu und tritt als Lebewesen in Kontakt.

---

[1] Bauman, Zygmunt: Moderne und Ambivalenz. Frankfurt/M 1996

[2] Robert F. Schmidt: Biomaschine Mensch. München 1979

Lebensforschung berührt und schafft weder Sicherheit noch Ruhe. Mit ihr bekommen wir das Leben nicht in den Griff. Die Forschungsperson ist kein auszuschließendes Artefakt, sondern das wichtigste Werkzeug. Nur ein Lebewesen kann einen lebendigen Ausdruck tatsächlich wahrnehmen. Alles andere ist nur ein Abklatsch des Ausdrucks.

Lebensforschung ist kein einfacher Weg, sondern erfordert insbesondere vom Wissenschaftspersonal ganz neue Kompetenzen: (Selbst-)Wahrnehmungsfähigkeit, Hingabe an den Gegenstand usw.

Warum lebendige Wissenschaft?

> *Weil wir es uns nicht mehr leisten können, dem Leben aus dem Weg zu gehen oder es der Esoterik zu überlassen.*

Technik und ein mechanistisches Weltbild haben durchaus einen wichtigen Platz, aber bei zentralen Fragen unseres Lebens führen sie in eine kaum zu übersehende Sackgasse.

Wir benötigen den kreativen Schub, zu dem Wissenschaft in der Lage ist. Wissenschaft kann viel mehr sein.

Quellen

z.B. *Wilhelm Reich: Äther, Gott und Teufel*. Frankfurt/M. 1983; *Ingo Diedrich: Naturnah forschen*. Berlin. 2000

Menschen im Zoo

17. Juli 2010

"Kein Reh oder Bär,

kein Elefant oder Wal,

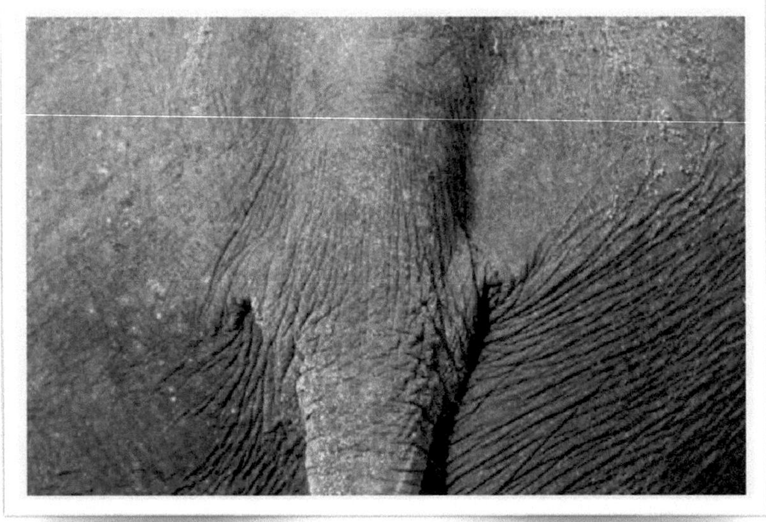

kein Vogel und keine Schnecke

könnten jemals so auf der Stelle sitzen

wie der Mensch.

Sie würden austrocknen und bald sterben.

Im Zoo kann man sehen,

was das Sitzen aus

wilden Tieren macht."

W. Reich

Quelle:

Wilhelm Reich: Christusmord, Frankfurt/M, 1983, S.120

Agiles Projektmanagement

16. Juli 2010

Schon einmal was vom „Agilen Projektmanagement" gehört?

Eine Methode, die gerade große Projekte neu strukturiert. Ganz grob: Anstelle vom klassischen linearen Ablauf eines Projektes werden dynamische Elemente integriert.

Das leuchtet sofort ein: ***Projektmanagement ist nicht Planwirtschaft!***

Erreicht wird dies durch die hohe Bewertung von Mut für Änderungen, durch fortlaufende Rückmeldungen aller Beteiligten, durch den hohen Stellenwert von Interaktionen im Projekt usw.

Vieles von dem erinnert mich an die *Partizipative Qualitätsentwicklung* bzw. Evaluation. Auch hier gibt es die zyklischen Feedbackschleifen mit allen Stakeholdern, die fortlaufende Weiterentwicklung der Ziele usw. Während es beim agilen Modell eher um Effizienzsteigerung geht, wird hier auch mit einem politischen Anspruch argumentiert.

Aber auch mit der agilen Methode werden weiterführende Annahmen verknüpft. S. Hagen weist z.B. in seinen zahlreichen Artikeln zum Thema darauf hin, dass *Menschen keine „Maschinen"* seien bzw. dass es um *„Zentrierung auf MENSCHEN"* gehe.

Das hört sich gut an. Aber was bedeutet es? In anderen Artikeln wird deutlich, dass er ein systemisches Denken präferiert und sich immer wieder auf die Kategorie Leben bezieht. Wenn Menschen im Zentrum stehen und diese keine Maschinen sind, so wundert es nicht, wenn auch die Kategorie Leben ins Spiel kommt.

Ihm sind z.B. Spannungen in der Organisationsentwicklung sehr wichtig. „Ich möchte sogar soweit gehen und behaupten, dass Spannung gleichzeitig auch Leben bedeutet." [1]

Mich freut diese Feststellung. Sie passt auch zu Aussagen von C. Steinle, der Organisationsentwicklung (vgl. *Vitalisierung*) darauf gerichtet sieht „Spannkraft und Entwicklungsenergie zu schaffen."[2]

Aber weder bei Steinle noch bei Hagen wird klar, durch welchen Lebensbegriff sie ihre Aussagen stützen. W. Reich definiert auf der Basis eines energetischen Modells, Leben als Pulsation, die sich mit den Begriffen Spannung, Ladung, Entladung und Entspannung beschreiben lässt. Würden sie dem folgen?

---

[1] S Hagen: http://pm-blog.com/2008/06/02/spannung-bedeutet-leben

[2] *Steinle, Claus*; *Eggers, Bernd*; Thiem, Henning; *Vogel, Bernd*: *Vitalisierung. Das Management der neuen Lebendigkeit. Frankfurt/M. 2000, S.46*

In Zeiten umfassender maschinengestützter Kommunikation ist der Bezug auf das Leben sehr wichtig. Aber ohne eine Fundierung des Begriffs steht die Behauptung, dass Menschen keine Maschinen seien und im Zentrum stehen, auf sehr wackeligen Beinen.

Modelle wie Agiles Projektmanagement, Partizipative Evaluation bzw. Qualitätsentwicklung und Vitalisierung grenzen sich doch in ähnlicher Weise von starren und linearen Vorstellungen ab. Sie betonen die Dynamik, das Involviertsein und die Unschärfe.

Es fehlt nur ein anerkannter Lebensbegriff, der diese Ansichten fundiert.

Wissenschaftliche Orientierung

11. Juli 2010

Glauben

Glauben hat gegenüber anderen Orientierungsmodellen einen wesentlichen Vorteil: Er bietet sehr große Freiräume: Alles kann geglaubt werden!

Glaubenserfahrungen sind prinzipiell subjektiv und letztlich nicht vermittelbar. In diesem Sinne ist jeder Glauben esoterisch.

Wenn der Glaube zu einem verbindenden sozialen Merkmal wird, wird aus dem individuellen Credo eine Beitrittserklärung. Es entstehen Regeln und Institutionen – Strukturen. Die individuellen Erfahrungen und die sozialen Strukturen stehen dabei in einem Spannungsverhältnis.

Die katholische Kirche ist dafür ein gutes Beispiel. Sie ist geprägt durch sehr starre Strukturen und gleichzeitig bietet sie Raum für individuelle Glaubenserfahrungen. Manchmal – vielleicht in einem guten Ritual oder einem Lied – kommen Glaubenserfahrung und Struktur zusammen. Häufig stehen sie sich im Weg.

Prinzipiell bietet die Religion die große Freiheit der Orientierung und gleichzeitig die schwierige soziale Vermittlung derselben.

Ein weiterer Nachteil liegt für mich in der Ausrichtung am Anderen: ein metaphysisches Wesen bzw. Zustand steht im Zentrum. Die Orientierung richtet sich auf etwas, was eben gerade aktuell nicht ist, sondern evtl. angestrebt wird. Dies ist eine Orientierung, die von der Gegenwart und dem Sein wegführt.

Kunst

Auch die Kunst geht von der subjektiven Erfahrung aus. Sie wird zum Ausdruck gebracht und bietet somit die Chance beim Gegenüber einen Eindruck auszulösen, der das Werk verstehen lässt. Auch im Kunstbereich gibt es teils starre Strukturmerkmale z.B. in den Stilen, den Methoden aber auch in den Gesetzen des Marktes. Gleichzeitig liegt in der Kunst aber auch die Aufforderung, mit dem eigenen Ausdruck, diese Strukturen zu missachten.

Orientierung durch Kunst stellt den Ausdruck der eigenen Welterfahrung ins Zentrum und entblößt somit das eigene Subjekt. In diesem Sinne ist Kunst Orientierung für Mutige.

Wissenschaft

Wissenschaft greift die zentralen Aspekte von Religion und Kunst auf. Ausgangspunkt ist auch hier die subjektive Erfahrung. Sie liegt z.B. der

Hypothesenbildung zugrunde. Und auch sie bringt mit den Forschungsergebnissen ein Werk zum Ausdruck. Im Gegensatz zur Religion und anders als die Kunst bietet sie aber Verfahren der sozialen Vermittlung und des Nachvollzugs des subjektiven Eindrucks an.

Das Potential der Wissenschaft liegt in der Umsetzung dieser Eckpunkte:

- Sie beeindruckt, wenn der eigene Eindruck im Zentrum steht.
- Sie ist bewegend, wenn sie Verfahren nutzt, die eigenen bewegenden Erfahrungen verstehbar zu machen.
- Sie ist orientierend, wenn sie sich an den Fragen der Menschen orientiert und einen nachvollziehbaren Ausdruck produziert.

Stattdessen ist die Wissenschaft analog zu weiten Teilen von Religion und Kunst strukturfixiert:

- Anstatt vermittelbare Verfahren für den eigenen Eindruck zu entwickeln, werden Fragen gestellt, die sich an den starren und weltfremden Vorstellungen einer „exakten Wissenschaft" orientieren. Dies entspricht den Katholiken, die das Vertrauen auf die eigene Erfahrung durch die Orientierung am Katechismus ersetzen.
- Anstatt irritierend zu beeindrucken wird Wissen produziert, das mit digitalen Wissenssystemen verwaltet und ökonomisch verwertet werden kann.

Im Spannungsfeld von Struktur und Bewegung

Wissenschaft ist für mich eine zentrale Möglichkeit des Ausdrucks, der Kommunikation und der weltzugewandten Orientierung.

Eine pulsierende, also lebendige Wissenschaft, liegt da vor, wo die bewegenden Erfahrungen und strukturierenden Verfahren in einem Spannungsverhältnis stehen.

> *Gelungene wissenschaftliche Orientierung ist ein Anschmiegen an die Wirklichkeit und der Ausdruck dieser Bewegung ist die Wirklichkeit.*

Er bewegt sich nicht im Freiraum der religiösen Beliebigkeit, aber auch nicht im digitalen schwarz-weiß, sondern im Spannungsfeld von Bewegung und Struktur.

Philosophen erfinden das Leben

4. Mai 2010|

Dritte Vorlesung

In der dritten Vorlesung zum Thema *„Leben – Geschichte und Metaphysik eines schillernden Begriffs“* geht es Petra Gehring um das "'Leben' im Singular in der Philosophie: Von Kant zu Hegel". Wie bei der Biologie grenzt sie philosophische Konzepte voneinander ab.

Zum besseren Verständnis wird dem ein Abschnitt zur „Lebenskraft“ vorangestellt. Daraus ergeben sich drei Bereich, die hier zusammengefasst und kommentiert werden:

- Lebenskraft (v. Haller, Blumenbach)
- Aufklärung (Kant)
- Deutscher Idealismus (Schelling, Hegel)

Lebenskraft

Im 18. Jh. gibt es große Entwicklungen in den anthropologischen Konzepten. Es entwickelt sich ein materialistischer Anspruch, der sich insbesondere von der Theologie abgrenzt. In Anlehnung an die Physik wird das Organische nicht als beseelte Natur aufgefasst, sondern auf die Mechanik zurückgeführt. Der Mensch wird als eine komplizierte Maschine beschrieben.

Wiederum in Abgrenzung zu dieser Perspektive werden insbesondere von Ärzten Begriffe wie „Lebenskraft" und „Bildungstrieb" angeführt. Albrecht von Haller (1708-1777) sieht in der Reizbarkeit und Kontraktion der Muskeln eine nicht mechanische Lebenskraft.

Johann Friedrich Blumenbach (1752 – 1840) grenzt sich mit dem Begriff „Bildungs*trieb*" (1781) noch stärker von der mechanischen *Kraft* ab. Aufgrund dieses Triebes bildet sich etwas heraus und wächst. Er rechnet den Trieb zu „den Lebenskräften", aber auch der Begriff „Lebenstrieb" kommt zur Anwendung.

Diese Ansichten konnten sich aber nicht als ein einheitliches Konzept durchsetzen. Spätestens seit Mitte des 19. Jh. galten sie laut Gehring als „unbiologisch" und überholt. Sie standen im Verdacht mystisch zu sein.

Anmerkung

Dieser Blick auf diese spannende Zeit kann nur ein verengter Ausschnitt sein.Alles wird nur angetippt.

Mir scheint v.a. das Spannungsfeld zwischen der theologischen und physikalischen Perspektive wichtig zu sein. Den Geschöpfen Gottes wurde die Seele genommen. Übrig blieb die unbefriedigende Vorstellung einer komplexen Maschine. Das Aufkommen der Lebenskraft als eine Art materialistische Seele ist somit verständlich. Aber ist das nicht nur ein hilfloser Versuch sich aus beiden Bereichen etwas zusammenzubasteln?

Diese Spannung brachte interessante Persönlichkeiten hervor. Ich möchte hier nur Julien Offray de La Mettrie (1709-1751) nennen. Eine ausführliche Besprechung findet sich im LSR-Projekt von Bernd A. Laska.[1]

Etwas Schwierigkeiten habe ich bei diesem Abschnitt mit der These, dass „das Leben" eine Erfindung des 19.Jh. sei (vgl. *Entstehung der Biologie*). Wie passen dazu diese intensiven Auseinandersetzungen mit dem Lebensbegriff?

Aufklärung

Als zentralen Philosophen des 18. Jh. führt Gehring Immanuel Kant (1724-1804) an. Das Leben als stofflich begreifbare Einheit taucht hier nicht auf, aber 1790 greift er das Thema in der „Kritik der Urteilskraft" unter dem Titel „Erkennbarkeit von Ordnungen der nicht mechanischen Natur" auf. Er hat die theologische Perspektive, die mechanistischen Vorstellungen (insbesondere Descartes) und die Idee der Lebenskraft vor Augen. Auch im nicht mechanischen Bereich geht er von Regelmäßigkeiten aus. Allerdings geht er ähnlich wie im Bereich der Sittlichkeit davon aus, dass diese Regelmäßigkeiten nicht kausaler Art sind.

Der Modus des Urteilens, also des Zugangs zu diesem Bereich, bezieht sich auf den Zweck bzw. die „Zweckmäßigkeit". Im Gegensatz zur Wirkung kann der Zweck nicht objektiv erkannt, sondern nur erschlossen werden. Dies ist eine etwas „losere, weichere" Form der Objektivität.

Bei Pflanzenwachstum geht es um bestimmte Zwecke. Die Pflanze wächst, indem sie sich zur Sonne aufrichtet, indem sie ihre Wurzel so tief wachsen lässt, bis sie an Wasser kommen. Das Wasser ist nicht die Ursache dafür, dass die Pflanze die Wurzeln so weit wachsen lässt. Das Wachstum hat den Zweck, dass die Pflanze zum Wasser zu führen. Die Zwecke sind der Natur inhärent (Aristoteles) und nicht von Gott vorgegeben.

[1] Bernd A. Laska: Das *LSR-Projekt zu La Mettrie*, Max Stirner und Wilhelm Reich

Dieser Bereich der Zweckmäßigkeitsordnung ist weder als physikalische Dinge noch über ein magisches Vollziehen zu erfassen. „Das was da geleistet wird ist die Organisation in Hinblick auf Zwecke."

Wie Blumenbach spricht Kant von der Organisation mehrerer Kräfte. Er geht noch nicht von dem Leben als Einheit aus. Für so ein Prinzip, das ja als Singular gedacht wird, ist in dem von Kant gedachten Universum von Kräften kein Platz.

Deutscher Idealismus

Ganz anders bei Friedrich **Schelling** (1775 – 1854) und Friedrich **Hegel** (1770 – 1831) nach 1800. Hier findet sich ein Lebensbegriff, der das materialistische aufgreift und für die Philosophie fruchtbar macht. Der Begriff wird in das Geistige, das Geschichtliche und das Denken eingeführt.

Schelling und Hegel treten explizit gegen Kants Vorstellungen von den separaten Kritiken bzw. Urteilsformen auf. Für Schelling ist die Natur „durch und durch dynamisch" und in diesem Sinne organisch, also nicht per se tot. Dies gilt auch für das vermeintlich Stabile wie z.B. Steine.

Dialektik

Die Natur ist absolute Identität also mit sich selbst identisch und gleichzeitig polarer Gegensatz. In den gegensätzlichen Richtungen, dem nach außen gehen und von außen zurückdrängen liegt „das Prinzip für die Konstruktion aller Lebenserscheinung" (Schelling)

Alles ist im Prozess, wechselhaft und dynamisch. Magnetismus, Elektrizität und chemischer Prozess sind die Kategorien der Konstruktion der Natur.

Hegel stellt die Entwicklung wendet sich vom statischen „Urteilen" hin zu einem verstehenden Begreifen, ein Prozess der nie aufhört.

Die Wirklichkeit ist stoffliche Welt, begriffliche Dynamik und historischer Zusammenhang.

„Das Prinzip der Dialektik, das Prinzip aller Bewegung, alles Lebens, wie Hegel das nennt, herrscht im Bereich des Denkens [...] und nur weil die Dialektik dem Leben gerecht wird und weil sie selbst lebendig ist, ist die dialektische Denkbewegung wahr."

Das Leben ist an der Schwelle um 1800 eine „***Mehrfacherfindung***". Auf der einen Seite steht die *Entwicklung in der Naturkunde*. Auf der anderen Seite geht die philosophische Erkenntnistheorie „den Weg von einer universalen Kritik der Vernunft hin zu einer tendenziell totalen Philosophie der lebendigen Denkbewegung."

Anmerkung

Der Teil über den Deutschen Idealismus war eher unbefriedigend. Es wurden zahlreiche sehr spannende Aspekte angesprochen, ohne dass sie angemessen ausgeführt wurden. Ich gehe davon aus, dass das noch kommt. Gehring sagt, dass man aufgrund dieser Vorlesung Hegels Philosophie nicht verstehen könne, aber vielleicht könne man ahnen „wie sie tickt". ich vermute, dass da später noch genauer drauf eingegangen wird.

Das BVJ überleben

2. Mai 2010

Die große Vielfalt

Am 29./30. April 2010 fand in Dresden die „3. Bundesweite Fachtagung zur schulischen Berufsausbildungsvorbereitung“ [1] statt. Lehrkräfte und andere Fachleute trafen sich, um das Thema voranzubringen.

So ging es in einem Workshop um die Kompetenzen, die zur Arbeit in diesem pädagogischen Bereich notwendig sind. [2] Aus vier Perspektiven (Schüler/Eltern, Wirtschaft, Politik und Lehrkräfte) wurden zentrale Merkmale herausgearbeitet und in Fortbildungsvorschlägen umgesetzt.

Die Lehrkräfte sollen demzufolge kooperationsorientiert, authentisch und flexibel sein; sie sollen alle neuen Programme „widerspruchslos“ umsetzen, die

[1] Vgl. ibbw: *III. Bundesweite Fachtagung zur schulischen Berufsausbildungsvorbereitung*. Übergänge – Anschlüsse – Perspektiven

[2] Vgl. Ingo Diedrich, Tilman Zschiesche: *Bestandsaufnahme des Fort- und Weiterbildungsangebots für Lehrkräfte an beruflichen Schulen* bezogen auf das Handlungsfeld der beruflichen Benachteiligtenförderung und den Übergang von der Schule in die Arbeitswelt. 2009.

Jugendlichen individuell begleiten und gleichzeitig „erziehen“ und natürlich auch inhaltlich bzw. methodisch auf der Höhe der Zeit sein.

In diesem Arbeitsbereich gibt es keinen Mangel an Vielfalt: weder bei den Anforderungen, noch bei den Projekten, Programmen, Maßnahmen, Methoden und Ideen.

Wer hier nicht einen eigenen roten Faden mitbringt, fühlt sich schnell überschwemmt und überfordert. So wundert es nicht, dass im Workshop auch eine Fortbildung entwickelt wurde, die den vieldeutigen Titel „Das BVJ überleben“ trägt: Überlebensstrategien der Jugendlichen und der Pädagogen stehen hier im Zentrum.

Aufbau und drohendes Ende

Die erste Tagung dieser Reihe fand vor sechs Jahren statt. Sie sollte das BVJ stärken und den Pädagogen in diesem ungeliebten Feld Anerkennung und Wertschätzung zukommen lassen.

Auf der zweiten Tagung vor drei Jahren standen „neue Wege“ im Vordergrund. Der „Mark der Möglichkeiten“ und die zahlreichen Workshops verwiesen in dieser Differenzierungsphase auf die Vielfalt. Gleichzeitig war längst ein Institutionalisierungsprozess eingetreten, der dem Bereich den Stempel „so genanntes Übergangssystem“ verpasste.

Das Übergangssystem ist konsolidiert und stabil – die dritte Tagung routiniert.

Und doch gibt es einen Wandel. *Harald Schlieck* von der Handwerkskammer kann zwar nach wie vor seine Forderungen an die Schule formulieren, aber *Klaus Wilhelm Ring* vom Hessischen Kultusministerium kann offensiv dem entgegenhalten: „Sie sind von uns abhängig!“ Und Harald Schlieck nickt vorsichtig.

Dieses neue Selbstbewusstsein der Schulseite ist aber nicht dem Erfolg der eigenen Maßnahmen, sondern einfach dem demografischen Wandel geschuldet. Der Wirtschaft gehen die Jugendlichen aus.

Dies kann eine Chance für die Jugendlichen, für die Ausbildung und für die Kooperation sein. Werden die Jugendlichen das Stigma der Überflüssigkeit verlieren und wird somit der Eigenverantwortlichkeit eine größere Chance eingeräumt? Oder ist die Beharrungskompetenz der Schulen und der Wirtschaft zum festen Bestandteil des Übergangssystems geworden?

Schon auf dem Abschlusspodium kam die vorsichtige Frage: Wird *das BVJ überleben*?

Harald Schlieck outete sich als „großen Fan des BVJ", forderte aber gleichzeitig, dass der Bereich grundsätzlich und mutig neu gedacht wird.

Die nächste Tagung soll ganz unter dem Motto der Kooperation zwischen Schule und Wirtschaft stehen. Sie soll sogar in einem Betrieb stattfinden.

Eine Liebeshochzeit wird das nicht!

Die Entstehung der Lebenswissenschaft Biologie

17 April 2010

Zweite Vorlesung

In der zweiten Vorlesung aus der Reihe ***„Leben – Geschichte und Metaphysik eines schillernden Begriffs"***[1] spricht Petra Gehring über die Entstehung des wissenschaftlichen Begriffs des Lebens und damit über den Beginn der Biologie.

Es folgt eine kurze Zusammenfassung der Vorlesung und einige Anmerkungen.

Das Wort Leben und seine antiken Vorläufer (Bios, Zoe, Vita) sind sehr alt. Die Grimms bringen das deutsche Wort mit „Lieb" also dem Leib in Verbindung. Die Vorstellung, dass das Leben auch „materiell gedacht" werden kann, kommt aber erst Anfang des 19. Jh. auf.

Zur Veranschaulichung dieses Prozesses kontrastiert Petra Gehring u.a. die Naturforschung jenseits und diesseits dieser „Schwelle" um 1800.

[1] TU-Darmstadt-Openlearnware. Petra Gehring: *Leben – Geschichte und Metaphysik eines schillernden Begriffs*. Vorlesung Wintersemester 2009/2010

Leben – ein Merkmal unter vielen

Im 18. Jh. gibt es eine „elaborierte Wissenschaftslandschaft". [1] Das Wissenschaftsideal war von der Vorstellung des Ordnens geprägt. Dies galt z.B. für die Medizin, in der Krankheiten und Behandlungsmethoden genau erfasst und beschrieben wurden. Ordnung war wichtig, um die Krankheit zu erkennen und die dazu passende Behandlung anzuwenden. Ursachenforschung war sekundär.

Es gab zahlreiche Versuche, eine rationale Ordnung zu schaffen, in der die Natur vollständig erfasst ist und bestimmt werden kann. Ein wichtiger Naturkundler war Carl von Linné (1707-1778), der anhand der Gestalt der Naturphänomene ein „Beschreibungssystem" und eine entsprechende Klassifikation entwickelte. Die sehr genaue Erfassung der äußeren Erscheinung war der zentrale Aspekt der Empirie.

Hinzu kam eine „logische Operation", in der die Gestalt in die „widerspruchsfreie, lückenlose und wohlgeformte Klassifikationsordnung" eingebettet wurde. So entsteht eine ausgefeilte Taxonomie mit genau abgegrenzten Merkmalen. Ist das Tier haarig oder geschuppt, eierlegend oder lebendgebärend, wie groß ist die Anzahl der Staubgefäße bei den Pflanzen usw.?

„Es ging insgesamt um das allmähliche Auffüllen des großen Raumes der Natur mit Namen und Merkmalen." So dass alles gemäß der an der Oberfläche gut sichtbaren Identitäten und Unterschieden „gruppiert, hierarchisiert und verzeichnet ist".

Ziel ist eine statische allumfassende Übersicht.

Lebendigkeit ist ein Merkmal unter vielen. Es gibt die Eigenschaft ‚lebendig sein', aber nicht das Leben. Leben ist ein Merkmal organischer Körper und nicht Bedingung ihres überhaupt Existierens. Darum gibt es zu dieser Zeit auch keine Biologie.

Nicht das Leben gibt es, sondern lebendige Wesen.

[1] Alle nicht anders gekennzeichneten Zitate stammen von Petra Gehring

Im 19. Jh. ändern sich diese Vorstellungen. Lamarck z.B. löst sich etwas von dem statischen Ordnungsprinzip und macht sich z.B. Gedanken darüber, ob evtl. die Giraffe aus der Antilope entstanden sei.

Wichtiger ist aber Georg Cuvier (1769-1832). Auch er betrachtet die sichtbaren Merkmale, aber er klassifiziert nicht einfach nach diesen Merkmalen, sondern fragt nach den funktionalen Gründen, warum ein Organismus so und nicht anders aufgebaut ist. Das Merkmal wird interpretiert auf eine tieferliegende Funktion hin: was leistet es für den Organismus.

Fische und Säugetiere unterscheiden sich anhand der äußeren Erscheinung radikal. Auch die Lunge (Säugetiere) und Kiemen (Fische) sehen sich sehr unähnlich. Aber, sie erfüllen beide die Funktion der Atmung. Fische haben Kiemen *um zu* atmen.

Aufgrund äußerer Beobachtungen schließt er auf verborgene „abstrakte Funktionseinheiten".

Das Verhältnis vom „Sichtbaren und Struktur im Exemplar" kehrt sich um. Ich kann dem Sichtbaren nicht unbedingt trauen, sondern muss so lange suchen, bis ich die Funktion erschöpfend geklärt habe.

Aber auch die Funktionen wie Atmung, Verdauung, Ausdünstungen usw. stehe nicht für sich, sondern verweisen auf den gemeinsamen und allgemeinen Existenzgrund. Es sind „Lebensverrichtungen", die im Dienste des Lebens stehen.

„Das Leben braucht diese Verrichtungen, sonst kann ein Organismus nicht leben." Das ist eine neue Logik mit einer allgemeinen Vorstellung von Leben:

1. Nicht das Nebeneinander der Merkmale steht im Zentrum, sondern die Hierarchie der Funktionen. Neben Funktionen 1. Ordnung wie z.B. die der Blutgefäße (Funktion: Lunge mit Blut versorgen) gibt es „wenige komplexe Grundfunktionen 2. Ordnung" wie die Atmung und von dieser Erfüllung hängt die Lebensfunktion ab.
2. Die Funktionssysteme hängen äußerst eng zusammen. Es sind wechselseitige Abhängigkeitsverhältnisse. Die Begriffe Organ (Werkzeug) und Organismus deuten das an. Der Organismus ist ein dynamischer

Verband und „dieser Verband dient dem Überleben". Dieser Verband schafft ein Innen, das sich von einem Außen abgrenzt. Es gibt eine ständige Bewegung von außen nach innen und umgekehrt. Der Austausch über die Grenzen hinweg wird durch die Funktionen bestimmt. Eine Bewegtheit kennzeichnet den Organismus.

3. Er setzt Teile, die im Körper weit auseinander liegen in Beziehung. Die Zähne und der Magen hängen eng zusammen (aufgrund der Funktion Verdauung). Eine damals ungewöhnliche Perspektive.
4. Organismen sind in ihrer Unterschiedlichkeit Lösungen des Problems des Überlebens. Lösungen, indem die funktionalen Elemente des Organismus durch ihre Leistung das Leben etablieren. Dem zugrunde wird eine verborgene Funktion innerhalb aller Organismen angenommen: das Leben.

Definition Leben (Cuvier): **„Eine allgemeine und allen Teilen sich mitteilende Bewegung."** Mit dem Auftreten dieses neuen Lebensbegriffes entsteht die neue Wissenschaftsdisziplin Biologie.

Anmerkungen

Linnés Herangehensweise des Ordnens dient in dieser Vorlesung primär als Hintergrund, um das Neue in Cuviers Perspektive klarer heraus zu arbeiten. Zur Bedeutung des Ordnens möchte ich hier auf die Arbeiten von **Zygmunt Bauman** verweisen, dem es gelingt mit den Begriffen Ordnung, Chaos und Ambivalenz eine Perspektive zu charakterisieren, die damals ihren Ursprung hatte und bis heute relevant ist.[1]

Die Aussagen zu **Cuvier** haben mich sehr beeindruckt. Eine ausführliche Beschreibung Cuviers Position findet sich im Buch „Die Organisation des Lebendigen"[2] Mit Blick auf **Wilhelm Reich** ist mir besonders wichtig, dass entsprechend dieser Vorlesung die Entstehung des wissenschaftlichen Begriffs Leben mit dem funktionalistischen Denken (wie bei Reich) zusammen fällt.

Sehr Vieles erinnerte mich spontan an Reich. Dieses Denken in oberflächlichen Unterschieden mit zugrundeliegenden Identitäten. Die Vorstellung von einer Funktion als gemeinsamen Bezugspunkt.

[1] Bauman, Zygmunt: Biologie und das Projekt der Moderne. In: Mittelweg 36, 4/93, 1993. S.3-16; Bauman, Zygmunt: Dialektik der Ordnung. Die Moderne und der Holocaust. Hamburg 1994; Bauman, Zygmunt: Moderne und Ambivalenz. Frankfurt/M 1996

[2] Cheung, Tobias: Die Organisation des Lebendigen. Zur Entstehung des biologischen Organismusbegriffs bei Cuvier, Leibniz und Kant. Frankfurt/M 2000. S. 17-38; 82ff

Die Hierarchie in den Funktionen. Die Suche nach den verborgenen zugrundeliegenden Funktionen. Aber auch in Bezug auf das Leben: die Wichtigkeit des Innen und Außens mit einer entsprechenden Bewegung, die Bedeutung der Bewegung, in der sich etwas ausdrückt und somit Sinn gibt. Usw.

Mir ist nicht bekannt, dass sich Reich auf Cuvier bezieht. Er hat ihn aber wahrscheinlich über das Buch „Geschichte des Materialismus“ [1] kennengelernt. Dort wird er allerdings nicht als Biologe eingeführt, sondern als wichtiger Evolutionsforscher kritisiert.

Es gibt aber auch einige Unterschiede zwischen Cuviers und Reichs Perspektive, die ich hier nur beispielhaft andeute:

- Für Reich ist die funktionalistische Perspektive nicht ein Ordnungsprinzip für die Natur, sondern selbst Ausdruck der Natur. Er sieht keinen prinzipiellen Bruch zwischen Verdauung, Atmung und Denken bzw. Forschen. Alles lässt sich auf die Lebensfunktion zurückführen und nur indem dies möglich ist, ist die Perspektive auch richtig.2
- Die Beziehung zwischen den Funktionsebenen ist bei Reich nicht durch ein ‚um zu‘ bzw. einem leiten und regieren bestimmt.3 Ein Organismus atmet demzufolge nicht um sich am leben zu erhalten. Vielmehr ist Atmung eine spezifische Variation der zugrundeliegenden Pulsation.4
- Während Cuvier in dem Begriff des Lebens noch eine „dunkle Idee“ sieht, geht Reich davon aus, die Lebensfunktion definieren zu können.5
- Auch für Reich ist die Lebensfunktion von zentraler Bedeutung. Aber auch sie ist eine Variation einer zugrunde liegenden Funktion. Das Leben ist funktionell eingebettet in einem Gesamtzusammenhang

---

[1] Friedrich Albert Lange: Geschichte des Materialismus und Kritik seiner Bedeutung in der Gegenwart. Iserlohn. 1873

[2] Vgl. Reich, W.: Die kosmische Überlagerung. Kap.: The rooting of reason in nature. Frankfurt/M 1997; Ingo Diedrich: Naturnah forschen. Wilhelm Reichs Methode des lebendigen Erkennens, Berlin 2000 S.80 ff

[3] Vgl. Cheung S.22

[4] Reich, Wilhelm: Orgonometric Equations: 1. General Form, in: Orgone Energy Bulletin Bd.2 Nr.4, New York 1950, S.178; vgl auch Reich Auseinandersetzung mit den Vitalisten vgl. Diedrich: Naturnah forschen. S. 16ff

[5] Vgl. z.B. Reich, W.: Dialektischer Materialismus in der Lebensforschung, S.141; R., W.: Orgonomic Functionalism, Part II, Bd.2, Nr.3, S.108/109

Philosophie – das Leben

11 April 2010

Vitalität wird immer stärker als wissenschaftliches Gütekriterium genutzt. Das Leben als eine wissenschaftliche Kategorie wird somit wieder wichtig.

Meine Recherchen zu diesen Aspekt zeigten v.a., dass

- oft versucht wird, eine strikt materialistische Definition anzubieten. Diese wird dann allerdings häufig durch Begriffe wie „Lebenskraft" ergänzt (vgl. *Vitalität*).
- oft auf eine theoretische Fundierung verzichtet wird. Diese Studien begnügen sich damit, Merkmale einer besonderen Fitness, einer Fähigkeit unter widrigen Bedingungen zu überleben, zu operationalisieren (vgl. *Vitalität – Nachtrag*).

Beides scheint mir nicht tragfähig. Leben als Kategorie scheint wichtig, gleichzeitig scheint der Begriff nur schlecht bestimmt.

Eine philosophische Kartierung des Begriffs Leben

Die Philosophin *Petra Gehring* hielt im Wintersemester 09/10 eine Vorlesung zum Thema „Leben – Geschichte und Metaphysik eines schillernden Begriffs". In 13 Veranstaltungen beleuchtet sie unterschiedliche Perspektiven von der Entstehung der Biologie über den Zusammenhang zwischen Leben und Tod bis hin zur Lebensphilosophie.

Grob zusammengefasst geht es um die Frage: Was wird im wissenschaftlichen Diskurs unter *Leben* verstanden?

Dankenswerterweise stehen die Vorlesungen zum Download bereit.[1] Eine gute Gelegenheit sich einen Kaffee einzuschenken, die Beine hochzulegen, sich einen Block und Stift drauf zu legen, aus dem Fenster zu schauen und sich fortzubilden.

Es folgen ein paar Eindrücke.

Zur Einleitung – erste Vorlesung

PhilosophenInnen trauen sich an komplexe Themen bzw. wenn sie auf scheinbar selbstverständlichen Begriff wie das Leben schauen wird es kompliziert.

Einen großen Teil der Einführungsvorlesung nutzt Petra Gering dazu, die Selbstverständlichkeit zu relativieren. Sie geht auf Distanz, versetzt die Vorannahmen in „die Schwebe" und betont das Gewordensein des Begriffs.

Zwei Aspekte sind mir wichtig:

- Es gibt schon sehr lange Vorstellungen von leben als Verb oder als ein Verlauf, auch der Tod wird häufig beschrieben. Aber der Begriff *Leben* als eine Einheit ist mit 200 Jahren sehr jung. Zwischen den Wissenschaftsdisziplinen, aber auch innerhalb derselben gibt es sehr unterschiedliche Definitionen. Außerdem verändern sie sich laufend.
- Auch in den so genannten exakten Wissenschaften ist der Begriff „schillernd". Widersprüche und Inkonsistenzen sind häufig anzutreffen. Eindeutige Aussagen z.B. durch die Vitalisten werden von metaphysischen Annahmen getragen.

Die „Kartierungsarbeit" des Begriffs findet in dem Spannungsfeld der Offenlegung der Widersprüche und der Vermeidung der metaphysischen Annahmen statt.

Eine vielversprechende Perspektive. Ich freue mich auf die nächste Vorlesung: „Die Entstehung der Lebenswissenschaft Biologie"

---

[1] TU-Darmstadt-Openlearnware. Petra Gering: *Leben – Geschichte und Metaphysik eines schillernden Begriffs*. Vorlesung Wintersemester 2009/2010

Rechte und linke Gewalt

3. April, 2010

Gewalt ist per Definition Grenzüberschreitung und somit ein ideales Thema der sozialen Grenzarbeit.

Grenzarbeit der Gewalttäter

In einem Interview erzählte mir ein rechtsextremer und gewaltkrimineller Jugendlicher ausführlich über seine gewalttätigen Auseinandersetzungen mit den „Autonomen", „Linken" und „Punks". Er verachtet diese Gruppen und die Kämpfe machen ihm deutlich, dass er zu den Richtigen gehört.

Im selben Interview berichtet er aber auch davon, dass der „Staat uns fertigmachen will". Mit „uns" meint er nicht nur die Rechten, sondern die „Jugendbanden", zu denen er eben auch die Autonomen, Linken und Punks zählt. Anhand eines als gewalttätig empfundenen Verhaltens des Staates konstruiert er ein neues ‚wir'.[1]

[1] Vgl. die ‚Hallenser Biographiestudie zu Jugendgewalt': *Gewalttätige Ausgegrenzte*; Ingo Diedrich: *Aus-einander-setzung mit Gewalt*. Bremen 2003; Ingo Diedrich: *Ausgrenzung mit Gewalt*. Saarbrücken 2008

Gewalt und die entsprechende Grenzarbeit hat somit eine vielfältige Bedeutung. Im „Kampf“ gegen die Anderen auf gleicher Ebene stärkt sie die eigene Gruppenidentität und wird positiv erlebt. Als ‚unfairen‘ Übergriff des übermächtigen Staates wird sie erlitten bzw. gibt der Verortung am Rande der Gesellschaft einen defensiven, aber heroischen Status.

Rechte Gewalt und der Mainstream

Jedes Jahr werden vom Innenministerium Straftaten gezählt und publiziert. Die Zahlen sollen deutlich machen, wie viele Handlungen jenseits der rechtlichen Grenze geahndet wurden. Die Grenze und die Bedrohung derselben wird so periodisch thematisiert und intensiv diskutiert.

Dies gilt insbesondere für die festgestellten politisch motivierten Gewaltstraftaten. In der TAZ gab es gleich mehrere Artikel und zahlreiche Leserbriefe. Als brisant wurde dieses Jahr empfunden, dass die links motivierten Gewaltstraftaten 2009 stark angestiegen waren.

Provozierend titelte die TAZ: Linke schlagen Rechte. [1] TAZ-LeserInnen distanzieren sich meist von Gewalt, identifizieren sich aber gleichzeitig häufig mit linken Positionen. Wie bei dem genannten Jugendlichen wird daher ein zweiter Limes konstruiert. Es reicht nicht mehr aus, pauschal die Gewalt auszugrenzen, sondern es werden die Unterschiede zwischen der rechten und der linken Gewalt hervorgehoben. Die linke Gewalt richtet sich z.B. oft gegen die Polizei und gegen Autos und führt nicht zum Tode.

Die Grenzarbeit wird somit etwas uneindeutig: ist die linke Gewalt gar keine richtige Gewalt von der man sich abgrenzen muss?[2]

Einigkeit besteht allerdings in der Ausgrenzung rechtsmotivierter Gewalt und der Warnung vor den hohen Zahlen dieser Straftaten. In dieser Form der Grenzarbeit treffen sich linke TAZler, konservative Politiker, liberale Wissenschaftler und der brave Bürger und definieren somit den gesellschaftlichen Mainstream anhand der Kategorie Gewalt.

---

[1] Z.B.: *Linke schlagen Rechte* (TAZ 24.3.2010); *Linke als Zielgruppe wiederentdeckt* (TAZ 31.3.2010); *Regierung verschiebt Geld nach links* (TAZ 24.3.2010)

[2] dies gilt übrigens in umgekehrter Weise auch für die Interpretationen der Zahlen in den rechten Blogs.

Sie sind sich einig in der Richtigkeit und Wichtigkeit dieser Grenze. Spannend ist, dass sie sich auch mit den ausgegrenzten rechten Gewaltkriminellen in dieser Grenzziehung einig sind. Beide Seiten arbeiten in diesem gemeinsamen Projekt aus antagonistischen Perspektiven eng zusammen und sind in der jeweiligen Definition ihrer Welten aufeinander angewiesen.

> Was würde eigentlich passieren, wenn die Zahl der rechten Gewalttaten tatsächlich sinken würde – der Grenzarbeit quasi die Energie entzogen würde?

Würde das zu einer Erleichterung oder eher zu einer Verunsicherung führen? Würde das nicht bedeuten, dass die rechten Personen nicht mehr jenseits der Grenze, sondern bei uns in der Normalität verortet werden müssen?

Maschinen Menschen

11. März 2010

Homo normalis

In der „Massenpsychologie des Faschismus"[1] beschreibt Wilhelm Reich, wie wichtig auch die Maschinennähe des Menschen zum Verständnis des Faschismus ist.

Ganz kurz: Der Mensch versucht das eigene Tiersein zu überwinden. Diese Abgrenzung vom biologischen Bereich geht einher mit der Orientierung am maschinellen Bereich. Das eigene lebendige Funktionieren kann nur „mechanistisch, unlebendig und starr" (297) gedeutet werden. Soweit das Seelische nicht auch maschinell interpretiert wird, erscheint es als „nebelhafte, mystische Gegebenheit" (299)

Diese mechano-mystische Aufspaltung ist als Charakterstruktur des „homo normalis"[2] grundlegend auch für ein Verständnis des Faschismus mit seinen mystischen Verklärungen bei gleichzeitiger Überhöhung des Maschinellen.

Der Film „Wer hat Angst vor Wilhelm Reich"[3] bringt historische Beispiele für diesen Zusammenhang. Der folgende Ausschnitt bezieht sich auf Wien in den zwanziger Jahren.

Filmausschnitt Download

[1] Wilhelm Reich: *Die Massenpsychologie des Faschismus*. Köln 1986

[2] Wilhelm Reich: *Charakteranalyse*. Frankfurt/M. 1981. S. 399f

[3] Nicolas Dabelstein & Antonin Svoboda: Wer hat Angst vor Wilhelm Reich? TV-Dokumentation, A 2009, 95 min. *Youtube*

Zwei Aspekte sind mir hier wichtig:

3. Vitalität: Reich konstruiert zwei Bereiche: Leben <-> Nichtleben. Durch die mechano-mystische Aufspaltung im Bereich des Lebens rückt das Nichtleben in den Vordergrund. Die Vitalität bzw. Lebendigkeit als zentrale Funktion dieses Bereichs wird zugunsten toter Funktionselemente zurückgedrängt. Dieser Vitalitätsbegriff steht konträr zu einem Begriff, der im Überleben das zentrale Merkmal sieht (vgl. *Vitalität*; *Vitalität – Nachtrag*). Im Faschismus konnte der starre Militarist durchaus erfolgreich überleben. Ihn deshalb für besonders vital zu halten ist absurd.
4. Normalität: Reich beschreibt nicht eine obskure Abweichung von einer gesellschaftlichen Norm, sondern die Normalität selbst („homo normalis"). Aufgrund einer genauen Beobachtung beschrieb er das, was als selbstverständlich galt.

Hier liegen die Grenzen der historischen Dokumentation. Das Marschieren, Turnen usw. wirkt aus der zeitlichen Distanz fremd und nicht selbstverständlich. Diese Normalität bietet für uns heute kaum noch Identifikationspunkte.

Das Selbstverständliche der Vergangenheit wird zur Abweichung für das aktuelle Selbstverständliche. Um Reichs Kritik nachzuvollziehen, muss sich der Blick also wieder auf das aktuelle Selbstverständliche richten. Unter dem Deckmantel der Normalität hat sich die Maschinenorientierung nicht etwa abgebaut, sondern ausgeweitet und perfektioniert.

Ich möchte hier nur darauf hinweisen, inwieweit die Technik (Handy, Mail, SMS ...) mit ihren Standards, Regeln, Möglichkeiten und Grenzen bestimmend für unsere Kommunikation geworden ist.

Und die Selbstverständlichkeit sagt: warum nicht?

Die Maschinenzivilisation zeigt sich mit ihren glatten und den weniger schönen Seiten als herrschende Normalität.

Gegenentwurf

Spannend finde ich, dass nicht nur die Normalität maschinenorientiert ist, sondern auch Gegenentwürfe von ihr.

Neulich habe ich mir den Film „Avatar. Aufbruch nach Pandora“ angesehen. Seine technischen Ausdruckformen haben mich sehr beeindruckt. Der Inhalt ist nicht ganz so spektakulär. Da treffen wieder diese Maschinenmenschen ohne Verständnis für das Wesentliche, aber ausgestattet mit reichlich Waffen auf die native people. Wie immer zeichnen sich diese edlen Wilden durch ihre große Naturnähe aus. Aber trotz der üblichen Priesterinnen findet sich kaum eine ausgeprägte Mystik. Für den Kontakt zur Natur und zur jenseitigen Welt benötigen sie kein esoterisches Wissen.

Stattdessen sind alle Na'vi mit einem USB Zopf ausgestattet. Diese universelle Schnittstelle ermöglicht es ihnen, sich überall und zu jeder Zeit mit ihren Pferden, Flugsauriern, aber auch mit den Toten und der großen Mutter zu verbinden. Der Wald mit seinen Wurzeln ist ein riesiges Netzwerk, über dessen „Datenströme“ sie Dank der Schnittstelle integriert sind.

So stellt man sich in der Computerwelt ‚Kontakt' vor.

Durch die Übertragung unserer Technikkompatibilität auf diese heile Welt, gestaltet sie sich nicht als Gegenentwurf, sondern als Perfektionierung derselben.

Keine Technikkritik

Reichs Kritik an der „Maschinenzivilisation“ ist keine Technikkritik, sondern eine Kritik an der mechanistischen Perspektive auf das Leben.

Das Leben ist in der grundsätzlichen Funktion der Pulsation sehr einfach. Und es gelingt durch Variationen dieser Einfachheit, wahrzunehmen, zu lieben, zu denken und sich künstlerisch auszudrücken.

Grundlage eines Computer ist nicht Kontraktion und Expansion, sondern der Schalter: An – Aus. Computer pulsieren nicht. Sie werden aber immer stärker dazu eingesetzt die lebendigen Funktionen zu imitieren. Netzwerkorientierte Komplexität und Schnelligkeit stehen dabei im Zentrum. Die Entwicklung der Computer besteht primär darin, diese beiden Aspekte zu steigern und noch zu managen.

So weit, so gut. Warum sollte man nicht versuchen, lebendige Prozesse zu imitieren?

Gleichzeitig verändert sich aber eben auch unser Modell vom Leben. Das Gehirn wird nur noch als ein extrem komplexes Netzwerk mit riesigen Datenströmen wahrgenommen. Das Verständnis der Pulsation und somit des Lebens scheint nicht notwendig.

So rauben wir uns unsere Vitalität.

„Alle Vorstellungen nun, die der Mensch von sich entwickelt hat, lehnen sich durchweg an das Vorbild der Maschinen an, die er geschaffen hat. Der Maschinenbau und die Maschinenhandhabung haben den Menschen mit dem Glauben erfüllt, dass er sich selbst in die Maschinen hinein und durch sie hindurch fort – und ‚höher‘ – entwickle.“ (297)[1]

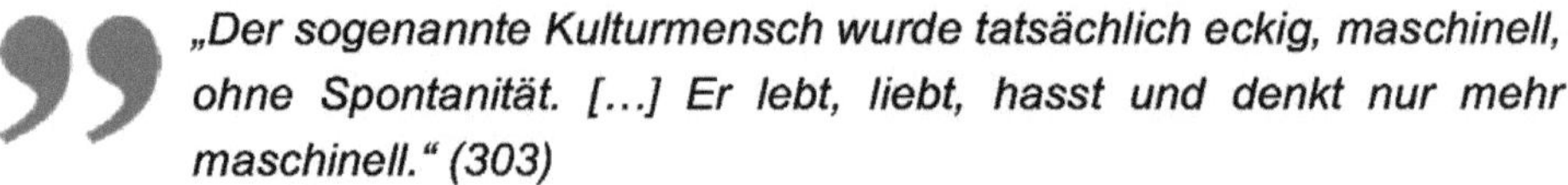

„Der sogenannte Kulturmensch wurde tatsächlich eckig, maschinell, ohne Spontanität. […] Er lebt, liebt, hasst und denkt nur mehr maschinell.“ (303)

[1] Wilhelm Reich: *Die Massenpsychologie des Faschismus*. Köln 1986

Ausblick in Wibbecke

18. Januar 2010

Im Jahre 2009 feierten die 300 BewohnerInnen des Dorfes *Wibbecke* das 1000 jährige Bestehen. Es gab Partys, Wanderungen, Vorträge usw.

Im folgenden Film findet sich mein persönlicher Ausblick in diesem Jahr:

12 Minuten schauen und hören ...

Die Musik setzt erst nach einer Minute ein. Kleines Rätsel: In welchem Monat sitzt der Rabe auf dem Baum?

Wibbecker Ausblick (Download)

Quelle
http://id-blog.or-so.de/wp-content/uploads/2010/05/Ausblick.flv

Vitalisierung

15. Januar 2010

Seit dem scharfen *Essen beim Inder* ist das Thema Vitalität in meinem Leben sehr präsent geblieben. Ich bekomme „Vital Tee“ geschenkt und stolpere über Bücher mit dem viel sagenden Titel: „***Vitalisierung. Das Management der neuen Lebendigkeit***“. Den Autoren geht es um die Unternehmensvitalisierung. Die Wirtschaftswissenschaftler bringen zahlreiche Beispiele, Unternehmen lebendiger zu machen.

Interessanterweise kommen sie auch zu Aussagen, die meinen bisherigen Einschätzungen sehr nahe kommen. Sie sehen:

- ... einen wichtigen Trend, „vitale Organisationen“ zum Leitbild zu machen: „Organisch statt mechanisch, vital statt bürokratisch heißen die Losungen“.
- ... „eklatante Defizite“. So fehle ein „zumindest ansatzweise anerkanntes Vitalisierungskonzept“ sowie „theoretische Fundierungen“.
- ... dass Beschreibungen „an Tautologien“ grenzen, „indem Unternehmen als vital bezeichnet werden, die erfolgreich sind.“ (58) (vgl. Vitalität – Nachtrag)
- ... dass „in vielen Fällen eine konkrete Definition von ‚vital‘, ‚Vitalität‘ oder ‚Vitalisierung‘“ fehlt. (60) (vgl. Vitalität)

- ... dass die Ansätze „überwiegend eklektisch sind, d.h., sie bedienen sich ‚passender' Elemente aus unterschiedlichen Konzepten."

Trotz der großen Defizite in der theoretischen Fundierung scheint der Begriff der Vitalität auch im ökonomischen Sektor über eine große Orientierungskraft zu verfügen. Es werden mehrere Definitionen angeführt, in denen Unternehmen einfach als „lebendiger Organismus" oder „lebendes System" betrachtet werden. Auch das Vitalisierungskonzept des Buches basiert auf der Vorstellung, „die Organisation als organisches, d.h. lebendiges Gebilde" (21) zu begreifen.

Leben wird hier nicht nur als Analogie genommen, sondern auch als eine konkrete Charakterisierung. Bei so weitreichenden Aussagen wären die theoretischen Grundannahmen doch sehr interessant: was ist ein „lebendiges Gebilde"?

Trotz einer fehlenden Antwort bleibt das Buch spannend. Wie bei Wilhelm Reich werden in der Beschreibung zwei grundsätzliche Richtungen angenommen: vom „Kern" nach außen und umgekehrt.

Aber noch interessanter ist, dass die Autoren ihrem Konzept ein energetisches Modell zugrunde legen. Die zentralen Elemente des vitalen Unternehmens sind „Spannkraft und Entwicklungsenergie". Diese gilt es in den verschiedenen „Vitalisierungsfeldern" zu fördern.

Wenn man sich das "vitale Unternehmen" vorstellt, „dann treten hierzu Kennzeichnungen auf wie Lebens-und Entwicklungsenergie sowie Lebenswille und Überlebenskraft. Weitere Charakterisierungen zeigen sich in Spannkraft, Lebhaftigkeit, Temperament, Fitness, Schwung, Elan und ‚Biss'". (21)

Auch diese Bilder hätten mehr Kraft, wenn sie durch eine theoretische Fundierung zu wissenschaftlichen Begriffen würden. Sehr angenehm empfinde ich es, dass die Autoren die fehlenden Grundlagen nicht leugnen, sondern als zu schließende Lücken beschreiben.

Quelle:

Steinle, Claus; *Eggers, Bernd*; Thiem, Henning; *Vogel, Bernd*: *Vitalisierung. Das Management der neuen Lebendigkeit. Frankfurt/M. 2000*

Lebendige? Soziologie

5. Dezember 2009

Die Naturwissenschaften konnten in den letzten Jahren insbesondere in der Hirnforschung große Erfolge vorweisen. Sie prägen immer stärker unser Bild vom menschlichen Zusammenleben.

Der Soziologentag 2006[1] („Die Natur der Gesellschaft") stand ganz unter diesem Eindruck. Mit geschliffenen Argumenten in festgezurrten Grenzen setzte sich der Berufsstand gegen den Verlust der Deutungshoheit zur Wehr.

Der Soziologe Thomas Lemke greift kurze Zeit später das Verhältnis zwischen Natur und Gesellschaft bzw. Natur- und Sozialwissenschaften noch einmal auf und fordert einen „Dritten Weg".[2]

Er sieht zwei konträre Perspektiven:

---

[1] *Die Natur der Gesellschaft. 33. Kongress der Deutscher Gesellschaft für Soziologie.* 9.-13. Oktober 2006 in Kassel

[2] *Thomas Lemke*: Der Dritte Weg. Abschied vom anthropozentrischen Paradigma: Die Soziologie muss ein neues disziplinäres Selbstverständnis jenseits von Naturalismus und Konstruktivismus entwickeln. Frankfurter Rundschau. 5.12.2006

- Die naturalistischen Konzepte „favorisieren umweltdeterministische" Modelle und sehen in den gesellschaftlichen Prozessen den direkten Ausdruck der natürlichen Grundlagen.
- Die „soziozentrischen" Modelle, die sich ausschließlich für die symbolische Dimension des Naturverhältnisses interessieren. Ihr Thema ist die Kommunikation und Vergesellschaftung – die materiell-stofflichen Aspekte treten in den Hintergrund.

Seiner Einschätzung nach sind aber beide Wege nicht in der Lage die „Vermittlung von symbolischen und materiellen Dimensionen" angemessen zu bearbeiten. In beiden „wird Natur letztlich auf eine passive Rolle reduziert". „Im ersten Fall liegt sie gesellschaftlichem Handeln voraus und determiniert dieses; im zweiten ist sie Resultat und Projektionsfläche sozialer Praktiken ohne dass ihr selbst Substanz und innere Konsistenz zukäme."

Der Dritte Weg

Lemke plädiert für ein „transdisziplinäres Feld", in dem die Natur- und Sozialwissenschaften ihre Kompetenzen einbringen und in einen „kooperativen Dialog" treten. So seien die „Interaktionen zwischen Gesellschaft und Natur" zu bearbeiten.

Seine Argumente sind so einleuchtend, dass sich die Frage stellt, warum dieser Weg nicht einfach gegangen wird. Neben Gründen, die sich aus der Theorie, der Geschichte, den methodischen Zugängen, der Macht- und Deutungsansprüchen ableiten, möchte ich darauf hinweisen, dass so ein Prozess mit einer immensen Orientierungsunsicherheit einhergehen würde.

- Natur- und Sozialwissenschaften haben sich in der Abgrenzung entwickelt. So ärgerlich die Auseinandersetzung mit den Anderen sein mag, so wichtig ist das Starren auf die Grenze für das Selbstverständnis.
- Die Orientierung innerhalb der wissenschaftlichen Community ist von der Parallelität und vom Aushalten des Widerspruches beider Perspektiven geprägt. Der Wechsel vom ausschließlichen Managen der Differenzen hin zum Gestalten der Identität geht weit über bisherige Kooperationsformen hinaus.

Dem möglichen effektiveren Umgang mit zentralen Problemen steht die Ungewissheit der zu entwickelnden Orientierung gegenüber.

Lebendige! Soziologie

Lemke zitiert Ulrich Beck, dass „Gesellschaft [...] nicht mehr ohne Natur, Natur nicht mehr ohne Gesellschaft verstanden werden kann." Um dem gerecht zu werden, muss sich die Soziologie in eine schwierige Position begeben: Auf der einen Seite muss sie sich den Naturwissenschaften öffnen und gleichzeitig muss sie sich gegen deren Naturalismus wenden. Sie muss die Differenz weiterhin reflektieren und gleichzeitig Schritte auf dem gemeinsamen „Dritten Weg" machen:

> *„Welche historischen und kulturellen Grenzen trennen beide Bereiche voneinander und wie lässt sich eine – darf man es sagen: lebendige? –Soziologie erfinden, die das Soziale nicht als Ausgangspunkt, sondern als Resultat einer Ko-Produktion von Gesellschaft und Natur bereift."*

Im Sinne von Wilhelm Reich kann gesagt werden, dass im Zuge der funktionellen Differenzierung zwischen Natur- und Sozialwissenschaften immer stärker ausgeblendet wurde, was differenziert wurde. Differenzierung als Trennung der Bereiche bei gleichzeitiger Abspaltung der zugrundeliegenden identischen Funktion.[1]

---

[1] Zur Bedeutung der gemeinsamen Grenzarbeit vgl.: Ingo Diedrich: *Aus-einander-setzung mit Gewalt*. Eine orgonomisch funktionalistische Arumentation. Bremen 2003; Ingo Diedrich: Ausgrenzung mit Gewalt: *Jugendliche Gewaltkriminelle in der Auseinandersetzung mit dem gesellschaftlichen Mainstream*. Eine Analyse autobiographischer Erzählungen. Saarbrücken 2008

Aufgrund der Ausblendung leitet sich das Selbstverständnis aus der Differenz zum Gegenüber ab. Mehr Orientierungspunkte werden kaum gesehen.

Das Einblenden der zugrunde liegenden Funktion führt nicht zur Aufhebung der Differenzen, sondern zum vertieften Verständnis derselben. Gleichzeitig entsteht so ein Bezugspunkt, der erst den geforderten „kooperativen Dialog" ermöglicht.

In seiner (leider nur) rhetorischen Frage „- ***darf man es sagen: lebendige? – Soziologie***" verweist Lemke auf eine mögliche zentrale Kategorie: das Leben. Wenn man z.B. das Gehirn aber eben auch das Soziale als Variation des Lebens versteht, ist es selbstverständlich, dass es Spezialisten für beide Bereiche gibt. Sie arbeiten teilweise mit unterschiedlichen Methoden und Modellen. Gleichzeitig beziehen sie sich aber gemeinsam auf die zugrunde liegende Funktion Leben und müssen dieser gerecht werden. Das Soziale ist keine abhängige Variable vom Leben, sondern variiert, wie die materiellen Aspekte auch, in spezifischer Weise diese zugrunde liegende Funktion.

Anstatt immer wieder aus der Defensive auf die Aktionen der Naturwissenschaften zu reagieren, könnten die Sozialwissenschaften einen Lebensbegriff entwickeln, der dies leisten kann. Dieser Begriff könnte dann offensiv an die Naturwissenschaften herangetragen werden.

Vitalität – Nachtrag

26. November 2009

"Die Frage: Was ist Leben? Hat viele Antworten und am Ende doch keine befriedigende. [...] Zu groß ist die Fülle komplexer Erscheinungen, zu verschiedenartig sind die Lebewesen in ihren Merkmalen und Leistungen, als dass eine allgemeine Definition sinnvoll wäre." "Dies liegt in der Komplexität begründet, die allen uns bekannten Lebewesen gemeinsam ist."

Soweit der Molekularbiologe Manfred Eigen[1]

Auf den Artikel „*Vitalität*" gab es einige Reaktionen. Zusammengefasst können folgende Punkte genannt werden:

- Wird in den Studien tatsächlich das gemessen, was gemessen werden soll? Ist z.B. Kronenverlichtung eines Baumes die Folge einer Vitalitätseinbuße oder erholt er sich gerade von einem Stress. Und umgekehrt: Ist der starke Kronenwuchs tatsächlich Ausdruck von großer Vitalität oder eher Folge des erhöhten Kohlendioxid- und Stickstoffgehaltes in der Luft?[2]

- Der Begriff Leben und somit auch Vitalität ist sehr „schwammig". Ausgangspunkt ist doch eine Verallgemeinerung von Merkmalen unterschiedlicher Lebewesen. Leben ist eine „Ausdifferenzierung einer zuvor einheitlichen Energieform." „Was dieses Leben nun ist, bleibt schleierhaft." Man sollte von diesem „dubiosen" Begriff die Finger lassen. Ähnliches gilt für Vitalität. Irgendwie ist klar, dass er etwas „Gutes" oder auch „Gesundes" bezeichnen soll. Mehr aber wohl kaum.

---

[1] *Manfred Eigen: Stufen zum Leben. Die frühe Evolution im Visier der Molekularbiologie. München 1992.* S.33

[2] vgl. dazu *Dobbertin, Hug und Waldner: Kronenverlichtung, Sterberaten und Waldwachstum in Langzeitstudien – Welche Indikatoren beschreiben den Waldzustand am besten?*

- Es gibt gute und operationalisierbare Definitionen von Vitalität. Die zahlreichen aussagekräftigen Studien belegen dies.

Eine kurze Antwort

Es stimmt, es gibt zahlreiche Studien, die Vitalität gekonnt operationalisieren. Zwei Aspekte finde ich dabei vor allem erfreulich:

- Vitalität wird in verschiedenen Wissenschaftsbereichen sehr ähnlich genutzt. Ob es nun um die Betrachtung von Bäumen geht oder um Menschen in Betrieben. Es werden Indikatoren gebildet, die auch jenseits z.B. vom Alter eine Güte beschreiben sollen. Hier bahnt sich ein bereichsübergreifendes Gütekriterium an.
- Es wird nicht einfach zwischen Tod und Leben unterschieden, sondern die Vitalität ist skaliert. Es gibt die Vorstellung von einem mehr bzw. weniger lebendig sein. Dies erlaubt ein viel genaueres Hinschauen und Abwägen.

In den erwähnten Studien wird der Begriff aber sehr stark von der Empirie her entwickelt. Die eVAA spricht konsequenterweise auch von einer „operationalen Definition". Eine stimmige konzeptuelle Anbindung an die zugrunde liegende Kategorie Leben habe ich nicht gefunden.

Die benutzten Definitionen von Vitalität stellen den Bezug zu den Anforderungen der Umwelt in den Vordergrund (Shigo: „The ability to grow under the conditions present; dynamic action."[1]). Was zeichnet Bäume aus, unter bestimmten (widrigen) Bedingungen zu überleben? Wenn eine Eiche trotz hoher Umweltbelastung und im Gegensatz zu vielen anderen Eichen wächst, wird ihr eine hohe Vitalität zugesprochen. Großes Wachstum ist somit ein Indikator für Vitalität. Ein in sich geschlossenes stimmiges Konzept.

[1] *A. Shigo: How trees survive*

Ganz im Sinne von survival of the fittest beschreibt Vitalität so vor allem die Anpassungsfähigkeit. Anstatt von **Vitalität** mit dem impliziten Bezug zur Kategorie **Leben** zu sprechen, wäre es angemessener von **Fitness** zu reden.[1]

Leben als Bezugspunkt

Trotz der Schwierigkeiten mit dem Begriff Leben, birgt der explizite Bezug auf diese Kategorie große Möglichkeiten. Zwei Punkte möchte ich nennen:

- Anstatt sich ständig krampfhaft voneinander abzugrenzen (z.B. auf dem Soziologentag von 2006 „Die Natur der Gesellschaft") könnten Sozial- und Naturwissenschaften sich mit der Kategorie Leben einen gemeinsamen Bezugspunkt aufbauen. Dies könnte eine Grundlage einer effektiven Zusammenarbeit sein.
- Im rasanten Tempo entwickeln wir Werkzeuge, die tief in unser Leben eingreifen. Wir orientieren uns immer stärker an Regeln und Maßstäben, die sich aus dem Gegebenheiten dieses nichtlebenden Bereichs ableiten. Dies gilt insbesondere für die in den Sozialwissenschaften so wichtige zwischenmenschliche Kommunikation. Sie ist im hohen Maße technikvermittelt.

  Der Zusammenhang zwischen unseren lebendigen Grundlagen und den toten Werkzeugen ist von elementarer Bedeutung. Ein Vitalitätsbegriff, der diesen Bereich bearbeiten will, kommt aber ohne expliziten Bezug auf die Kategorie Leben nicht aus.

Wie lebendig (vital) ist die virtuelle Welt bzw. wie tot sind Avatare im second life? Wie unterscheidet man einen menschlichen Ausdruck und eine (maschinelle) Imitation dieses Ausdrucks? Oder gibt es keinen Unterschied? Verlieren wir durch unsere Anpassung an die binäre Welt an Vitalität oder gewinnen wir gar?

[1] vgl. *Wikipedia*

Viel interessanter als die Unterscheidung zwischen Natur- und Sozialwissenschaften ist die Differenzierung zwischen **lebendigen** und **nichtlebenden** Forschungsinhalten.

Uns klar zu werden, was wir als Lebewesen sind, scheint mir in diesem Zusammenhang extrem wichtig. Ich favorisiere die Definition von Wilhelm Reich. Mich fasziniert dabei die breite empirische Basis über fast alle Wissenschaftsgrenzen hinweg, der naturwissenschaftliche Anspruch, dem gleichzeitigen „verstehenden" Zugang und funktionalistischen Umgang mit der Komplexität.

Aber dazu später mehr ...

Welttoilettentag

21. November 2009

Heute am 19.11. findet wie jedes Jahr der Welttoilettentag statt. Dies ist kein Werbegag des Sanitärverbandes, sondern ein Hinweis auf die teilweise katastrophalen Zustände in diesem Bereich.[1] Was bei uns selbstverständlich ist, ist es eben nicht überall.

Und trotzdem ist unser Umgang mit dem Thema alles andere als vorbildlich. Laut Bundesumweltministerium verbraucht jeder Bundesbürger ca. 40 Liter Wasser für die Toilette – pro Tag.[2] Hinzu kommen riesige Kosten zur Bereitstellung des Wassers und zur „Entsorgung" (Kanalisation, Kläranlagen usw.). Dies ist kein Modell für die so genannte Dritte Welt. Wasser ist das zentrale Lebensmittel und viel zu schade zum spülen (Weltwassertag ist am 22.03.).

[1] vgl. z.B. *Und wie waren die Klos? TAZ. 19.11.2008*

[2] *Bundesministerium für Umwelt …*

„Dass wir Wasser immer noch als Transportmittel für Fäkalien und Industrieabwasser benutzen, um sie nachher aufwendig und unter hohem Energieverbrauch in der Kläranlage wieder herauszuholen, ist doch keine zukunftsfähige Lösung.“ (Klaus Töpfer)[1]

Unser Kot und Urin sind das Einzige, was wir selbst direkt herstellen können. Dies Produkt wegzuspülen, ist einfach unökonomisch.

Friedensreich Hundertwasser trat sehr radikal für Komposttoiletten ein.[2] Er plädierte nicht für das stinkende anaerobe Plumpsklo, sondern für die Kompostierung unserer „heiligen Scheiße“.

Komposttoiletten gibt es in sehr verschiedenen Variationen vom besseren Eimer in der Gartenlaube bis hin zur zentralen Anlage im Mietshaus[3] Sie sind tausendfach erprobt und entsprechend ausgereift und mit relativ einfachen Mitteln herstellbar.[4] In diese Richtung muss weitergedacht werden.

Als Kuriosität zum Welttoilettentag wird in den Medien (Fokus, N24, WDR5 usw.) gern auf Hundertwassers letztes Kunstwerk hingewiesen: die öffentliche Hundertwassertoilette in dem kleinen Ort Kawakawa[5] in Neuseeland.

Alle mögen sie – leider ist es nur ein WC.

Siehe auch die Seite der Deutschen Gesellschaft für die Vereinten Nationen (DGVN) zum "*Internationales Jahr der Sanitären Grundversorgung 2008*"

---

[1] Frankfurter Rundschau. Neuer Unep-Chef. Töpfer fordert Revision der Umweltpolitik. 26.01.98

[2] vgl.: *http://www.oekoeffizient-handeln.de/hundertwasser.htm*

[3] vgl. z.B. *Sanitärtechnik ohne Wasser; Lorenz-Ladener: Kompost-Toiletten*

[4] vgl.: *Klovolution. Vom Wassersparen zur Abwasservermeidung (bbu)*

[5] *Öffentliche Toilette in Kawakawa. http://www.kawakawa.co.nz/*

Vitalität

7. November 2009

Vitalität ist ein wichtiges wissenschaftliches Gütekriterium für Landschaften. Sie wirkt auf das Wohlbefinden der Menschen. Diese Aussagen meines *Freundes aus der Naturschutzbehörde* haben mich irritiert und neugierig gemacht.

Wird in deutschen Behörden von einer „Lebenskraft" ausgegangen? Verorten sich die Landschaftspfleger, Baumbegutachter und offiziellen Naturschützer in der Tradition des Vitalismus?

Recherche

Eine erste grobe Internetrecherche führte zu folgender Einschätzung:

Vitalität ist insbesondere im Wellnessbereich ein gern benutzter Begriff der Werbung. Aber auch Unternehmen wie RWE behaupten, ihnen gehe es in der Rekultivierung der selbst verwüsteten Gebiete darum, „mit Weitsicht das Beste zu schaffen als Grundlage für eine neue, vitale Landschaft."[1]

Diese Seiten stehen nicht im Fokus dieses Blogs.

[1] *Rede von Jan Zilius, Vorstandsvorsitzender der RWE Power AG*

Das gilt auch für Aussagen, die sich z.B. auf die Geomantie berufen und somit nicht im Mainstream einzuordnen sind.

Zwei kurze Beispiele: So wird behauptet, dass eine bestimmte Vulkanlandschaft Wirkungen beim Menschen zeige: *„Geborgenheit und Freiheit, Sicherheit, gibt Halt, Verbesserung der eigenen Vitalität, aktiviert Selbstbewusstsein und Willenskraft“ „In der Gesundheitsregion gibt es vitale Organe der Landschaft, Kraftorte und Kraftachsen mit unterschiedlichen Qualitäten.“*[1]

Eine ähnliche Perspektive drückt sich im Text „Wirkkräfte der Landschaften“ aus: „Durch den Aufenthalt in bestimmten Landschaftsformen werden die dazu passenden Seelenqualitäten in uns angeregt.“[2]

Ein gern gemessener Wert

Auch diesseits der Grenze zu diesen Außenseiterpositionen finden sich zahlreiche Hinweise auf die Nutzung von Vitalität als Gütekriterium:

In der Medizin wird damit z.B. ausgedrückt, wie viel Prozent einer Zellkultur noch leben.[3] Die kalte Vitalitätsprüfung beim Zahnarzt stellt fest, ob der Zahn schon tot ist.[4]

Im Bereich der Wirtschaft und der Organisationsentwicklung wird u.a. von „vitalen Unternehmen“ gesprochen. Der Krankenstand, Arbeitszufriedenheit, aber auch Formen des Wissensmanagements werden hier als Merkmale genannt.[5]

---

[1] *BWR Verlag: Geomantie im Steirischen Vulkanland*

[2] *Wechselzeit*

[3] *Annette Baltes: Beeinflussung der Proliferation und Vitalität humaner Chondrozyten …*; vgl.: *Spermiogramm*

[4] Vgl.: *Toter Zahn*

[5] *Europäischer Kongress: „Nachhaltige Arbeit für vitale Organisationen“*

Auch in der Betrachtung von Ökosystemen ist die Kategorie Vitalität sehr wichtig. Insbesondere die so genannte „Nachhaltige Waldwirtschaft“ betont in Anlehnung an die Ministerkonferenz von Helsinki die Bedeutung der Vitalität.[1]

Anhand mehrerer Indikatoren wie z.B. den Kronenzustand der Bäume wird seit Jahren ein aufwendiges Monitoring durchgeführt und diskutiert. [2] Es wird von einer „Vitalitätsansprache“ gesprochen und es gibt „sensible Vitalitätsweiser“, „Vitalitätswerte“, eine „Vitalitätsskala“ und einen „Vitalitätsindex“.[3] Vitalität scheint auf dieser Basis gut quantifizierbar zu sein. So wird festgestellt, dass 1978 in einem bestimmten Bereich 78% der Eichen eine „üppige“ bis „normale“ Vitalität hätten, heute sei dies nur noch bei 47% zutreffend.

Interessant ist, dass immer wieder Skalen der Vitalität angeboten werden. Es wird nicht einfach zwischen lebendig und tot unterschieden, sondern eine graduelle Differenzierung der Lebendigkeit angenommen. Diese Skalen werden dann häufig mit der Skala des Alters verknüpft. In dieser Verknüpfung liegt eine große Attraktivität der Kategorie Vitalität. Auch wenn z.B. ein Baum vom Alter her dem Tod sehr nahe ist, kann er doch eine größere Vitalität haben als ein sehr junger Baum. Vitalität ist somit etwas, das sich je nach Alter unterschiedlich ausdrückt und gemessen wird, aber über alle Altersstufen hinweg Vergleiche erlaubt.[4]

Dementsprechend kann Vitalität auch auf den Menschen angewandt werden. Die „Europäische Vereinigung für Vitalität und Aktives Altern“ versteht sie als

---

[1] *Nationales Forstprogramm Deutschland*

[2] *Bayrische Forstverwaltung*

[3] *Vitalität und genetische Variabilität der Eiche in NRW*

[4] *Baumpflege Lexikon*

„Dachmarke", die mehrere Ebenen integriere, wie z.B.: „ ‚Gesund – Krank', ‚Jung – Alt', ‚Körperlich – Seelisch – Sozial'". Für sie gilt: „Vitalität ist messbar und als operationale Funktionsgröße Referenzgrundlage für ein ressourcenbezogenes und interdisziplinäres Normwert-, Ordnungs- und Klassifikationssystem in Medizin und angrenzenden Gesundheitsdisziplinen."[1] Die Organisation plädiert auch für ein Gesundheitsverständnis, das die Vitalität zum zentralen Begriff erhebt.[2]

Eine so verstandene Megakategorie Vitalität erlaubt nicht nur einen Gütevergleich innerhalb eines Lebens, sondern auch verschiedener Lebewesen einer Art und auch verschiedener Arten und sogar in Bezug auf eine evolutionäre Entwicklung.[3]

Eine potentiell fähige Definition?

Vitalität ist ein sehr mächtiger Begriff. Es ist daher wichtig nicht nur zu fragen, wie sie gemessen wird, sondern auch, was da gemessen wird. Was ist Vitalität?

[1] *Europäische Vereinigung für Vitalität und Aktives Altern (eVAA)*

[2] *Meißner-Pöthig: Vision Vitalität!*

[3] *eVAA: Operationale Definition von Vitalität*

Natürlich gibt es zahlreiche Definitionen. Sie beziehen sich meist auf den vitalistischen Begriff der „Lebenskraft“, [1] der in der modernen Naturwissenschaft allerdings als überholt gilt. Auf den von mir recherchierten Seiten finden sich nur wenige Definitionen. Zwei Ausschnitte aus dem Bereich der Baumbegutachtung möchte ich kurz anführen:

Nach dem „Baumpflege-Lexikon“[2] beschreibe der DUDEN die Vitalität als „Lebenskraft eines Organismus“. Aber schon im nächsten Satz sagt der Text nicht mehr, was Vitalität ist, sondern wie sie sich „allgemein äußert“. Vitalität drücke sich dadurch aus, wie es einem Organismus gelingt, unter gegebenen Umweltbedingungen zu überleben. Sie beziehen sich dabei auf eine Definition des Forstwissenschaftlers Alex Shigo.[3]

Dies ist eine handhabbare Definition. Sie weicht aber der Frage aus, was diese Überlebensfähigkeit ausmacht. Gehen sie tatsächlich im Gegensatz zum wissenschaftlichen Mainstream von einer zugrundeliegenden „Lebenskraft“ aus?

Noch verwirrender stellt sich die mehrfach zitierte Definition aus dem Text „Praxis zur Baumbeurteilung“ dar:

> *„Die Kraft eines biologischen Systems wird beschrieben durch sein genetisches Potential, Überlastungen zu widerstehen, Bedrohungen zu überleben. Es handelt sich also um eine Anlage, nicht bereits um deren Verwirklichung. Die Umsetzung des Potentials setzt eine weitere aktive Fähigkeit voraus, nämlich Vitalität – nach Shigo die Fähigkeit, unter den derzeit gegebenen Bedingungen zu existieren, also eine dynamische Handlung. Kraft ohne Vitalität ist nutzlos und Vitalität ohne Kraft gibt es nicht.“*[4]

Auch hier wird Shigos Definition durch eine Kraft ergänzt. Allerdings wird sie nicht dem DUDEN zugeschrieben, sondern dem „genetischen Potential“. Mir fehlt wirklich die Phantasie um zu verstehen, was die Autoren damit meinen, wenn sie Kraft als ein genetisches Potential beschreiben. Noch komplizierter wird es in der Kombination mit Shigos Aussagen. Ich könnte verstehen, wenn man sagt, dass der „dynamischen Handlung“ (dynamic action) eine Kraft

---

[1] *The free dictionary*; *Wikipedia*

[2] *Baumpflege-Lexikon*

[3] vgl.: *Alex Shigo: How trees survive*

[4] *Gebrüder Wäldchen*

zugrundeliegt. Hier wird aber ein dialektischer Zusammenhang aus kraftvollem „genetischen Potential“ und dynamischer „aktiver Fähigkeit“ konstruiert. Eine Fähigkeit führt zur Verwirklichung eines Potentials.

Die Schwierigkeit der Definition liegt sicher nicht in der Kompetenz dieser Experten im Bereich der Baumbegutachtung. Sie liegt im Begriff selbst und in der Einordnung in den Beschränkungen der modernen Naturwissenschaft.

Auf der einen Seite wird mit der Vitalität ein wichtiges lebensspezifisches Merkmal herausgearbeitet und auf der anderen Seite findet dies in einem wissenschaftlichen Umfeld statt, dass gerade das Vorhandensein eines solchen Merkmales leugnet.

Man kann sich innerhalb des naturwissenschaftlichen Mainstream nicht auf eine „Lebenskraft“ oder „Kraft eines biologischen Systems“ berufen!

Wilhelm Reich hat dieses Problem schon für die zwanziger Jahre des letzten Jahrhunderts als mechanistisch-mystische Spaltung beschrieben. Auf der einen Seite wurde versucht, lebendige Prozesse auf chemische und physikalische Aspekte zurückzuführen (mechanistische Naturwissenschaft). Diese Aussagen waren wissenschaftlich abgesichert, hatten aber nur eine geringe Aussagekraft. Auf der anderen Seite standen z.B. Bergson und Driesch, die mit ihren Konzepten der Lebenskraft zwar große Aussagekraft hatten, aber keine naturwissenschaftliche Belege anbringen konnten (mystisch).

Auch Reich verortete sich zeitweise in diesem Spannungsfeld:

„Die Vitalisten schienen mir immer dem Verständnis des Lebensprinzips näher zu sein als die Mechanisten, die das Leben zerschnitten, ehe sie es zu begreifen versuchten.“ „Das Prinzip einer schöpferischen Kraft, die das Leben regiert, war nicht zu leugnen, doch es

befriedigte nicht, solange es nicht zu fassen, zu beschreiben und zu lenken war." [1]

Achtzig Jahre später scheint dies noch zu gelten: Die letztlich unbefriedigende mechanistische Perspektive (Genetik) wird noch immer als Basis genutzt und in einer unwissenschaftlichen Weise durch eine (in diesem Sinne mystische) „Kraft" ergänzt.

Soweit zumindest nach meiner ersten Internetrecherche.

Zusammenfassung

Vitalität wird insbesondere in mehreren naturwissenschaftlichen Bereichen als ein Gütekriterium genutzt. Der direkte Bezug auf das Leben macht sie zu einer sehr weit anwendbaren Kategorie. Sie ist skalierbar und wird häufig altersspezifisch operationalisiert. Trotz der Wichtigkeit des Gütekriteriums wurde keine befriedigende naturwissenschaftliche Definition gefunden. Auch konnte ich auf den relevanten Seiten keine Beschreibung des Zusammenhanges zwischen der Vitalität von Landschaftsräumen und dem Wohlbefinden der Menschen finden.

[1] *Wilhelm Reich: Die Entdeckung des Orgons Bd.1, S.28, Köln 1987*; vgl. *Ingo Diedrich: Naturnah forschen, S. 16-19, Berlin 2000*

Sprechende Natur

28 Oktober 2009

Neulich, nach einem scharfen Essen beim Inder, erzählte mir ein Freund von der Bedeutung der Landschaft für das Wohlbefinden des Menschen.

Er arbeitet bei der Naturschutzbehörde und genießt den Kontakt mit den Menschen, die er überzeugen muss in bestimmter Weise mit der Landschaft umzugehen. Einige Landschaftsaspekte sollen erhalten und andere neu gestaltet werden. Dies geschehe für den Menschen und nicht für die Natur: „Die Natur braucht uns nicht“. Es sei empirisch belegt, dass bestimmte Landschaften dem Menschen gut tun und andere nicht.

Dies leuchtet auf dem ersten Blick sofort ein: Natürlich kann ein Spaziergang in einer schönen Landschaft sehr gut tun. Auf dem zweiten Blick gibt es aber zahlreiche Fragen: Kann diese Aussage so verallgemeinert werden? Was sind die Gütekriterien für eine Landschaft? Wie sind diese begründet? Wie „tut Natur gut“?

Die Natur als unsere Umwelt rühre an individuelle oder auch menschheitsgeschichtliche Erinnerungen. Wir würden uns dementsprechend in bestimmten Landschaftstypen sicherer und wohler fühlen. Diese Argumentation wirft aber zahlreiche weitere Fragen auf: Welche Phase der Menschheitsgeschichte ist ausschlaggebend? Müssen wir nicht davon ausgehen, dass für eine überwiegend städtische Bevölkerung eine vielgestaltete Landschaft eher bedrohlich erscheint und gar nicht gut tut?

Entsprechend einem anderen Argumentationsstrang wird mit dem Begriff „vital“ so etwas wie ein Bild einer gesunden Natur konstruiert. Ein Merkmal dieser Vitalität sei z.B. der Diversitätsgrad. Auch wenn die Merkmale selbst noch umstritten seien, so habe man doch einen Maßstab, eine Landschaft zu beurteilen. Es gibt demzufolge Landschaften, die *lebendiger* sind als andere und man kann sie z.B. revitalisieren.

Diese Argumentation geht von der Annahme aus, dass eine *lebendige* Landschaft gut für uns ist. Sie klärt aber nicht, wie dies geschieht. Nutzen wir eine passive Umwelt quasi als Konsumenten? Tritt sie uns aktiv gegenüber und „tut“ etwas mit uns? Sind wir uns fremd oder kommunizieren wir in einem gemeinsamen Raum?

Vor einigen Monaten hatte ich mit einer Freundin ein Gespräch in ähnlicher Richtung. Sie arbeitet im körpertherapeutischen Bereich und ich schätze ihre Fähigkeit, Energieströme und Blockaden im Körper wahrzunehmen. Auf einem Spaziergang sprach sie nun zögernd davon, dass sie den „Stress der Pflanzen“ spüren könne und dass sei ein sehr unangenehmes Gefühl.

Auch hier ging es also um die Beziehung zwischen der Natur, der Umwelt bzw. den Pflanzen und dem Menschen. Sie bezieht sich allerdings nicht auf abstrakte Modelle wie das der Vitalität, sondern auf eine ganz konkrete Kommunikation. Damit betritt sie in mehrfacher Hinsicht ein schwieriges Terrain.

Ist Kommunikation nicht dem zwischenmenschlichen Bereich insbesondere aufgrund der Sprache vorbehalten? Gibt es tatsächlich Inhalte über die man mit Pflanzen kommunizieren kann? Wird z.B. mit dem Begriff „Stress“ nicht einfach etwas in die Pflanze projiziert, was dort nicht vorhanden ist? Was sollte die gemeinsame Basis sein, auf der die Kommunikation beruht?

Vielleicht helfen die Forschungen um die so genannten Spiegelneuronen ja weiter. Demzufolge werden dieselben Neuronen z.B. im Bereich der

Handlungsmuster aktiv, egal, ob wir eine Handlung selbst ausführen oder nur wahrnehmen. Wir verstehen also unser Gegenüber intuitiv, weil wir im Gehirn das Muster mitvollziehen – in Resonanz gehen. Das Gleiche gilt für die Gefühle. Ohne den Umweg über die symbolbildende Sprache mit ihren Bedeutungen gibt es demzufolge eine quasi körperliche Kommunikation auf der Basis einer gleichen Hirnstruktur. Es wird davon ausgegangen, dass dies auch mit eng verwandten anderen Spezies funktioniert. Aber selbst meine Freundin geht nicht davon aus, dass Pflanzen eine ähnliche Hirnstruktur haben wie wir.

Für Gesellschaften, die von einer beseelten Natur ausgehen, ist die Kommunikation zwischen Pflanzen und Menschen selbstverständlich. In unserer sich als nichtanimistisch verstehenden Gesellschaft gibt es aber kein anerkanntes Modell für diese Kommunikation. Aber es gibt zahlreiche Modelle, die erklären, warum jemand auf den Irrtum verfällt, mit Pflanzen kommunizieren zu können.

Auch wenn die direkte Kommunikation z.B. zwischen Menschen und Pflanzen dem Naturschutzgedanken ein ganz neues Fundament geben könnte, ist es meinem Freund von der Naturschutzbehörde schon aus diesem Grunde nicht möglich, so zu argumentieren.

Liberale Erziehung

10. Mai 2006

Wenn man die Konfrontative Pädagogik an einem Ende des pädagogischen Spektrums verortet, so steht am anderen Ende so etwas wie eine liberale Pädagogik.

Zum Verständnis dieser Pädagogik schlage ich zwei Perspektiven vor:

Der nicht erwachsene Erwachsene (von Reinhard Kahl)[1]

Spätestens seit PISA wird die Bildungssituation wieder ausgiebig diskutiert. Reinhard Kahl publiziert dazu in zahlreichen Zeitungen (regelmäßig TAZ, ZEIT usw.), aber produziert auch Filme zur Thematik. Der Film 'Treibhäuser der Zukunft' wurde geradezu propagandamäßig mehrfach in vielen Cinemaxx Kinos gratis vorgeführt und seine Ansichten stoßen auf große Resonanz. Es lohnt sich etwas hinzusehen.

Ich greife exemplarisch auf den Aufsatz „Nowhere Man: Auf der Suche nach erwachsen gewordenen Erwachsenen“[2] zurück.

[1] Reinhard Kahl: *www.reinhardkahl.de*

[2] In Karl Gebauer/ Gerald Hüther: '*Kinder suchen Orientierung*'. Düsseldorf 2002. 168-192

In diesem Text steht die Qualität der Erzieher/innen im Zentrum.

Im ersten Abschnitt ('Da sein') formuliert er seine zentralen Kritikpunkte an dem formlosen Erzieher. Im folgenden Kapitel setzt er die Morde des Jugendlichen Robert aus Erfurt dazu in Beziehung. Es folgen zwei Abschnitte, in denen er versucht mit Aussagen von Hannah Arendt seine Argumentation zu untermauern. Im letzten Kapitel ('Leben entzündet sich am Leben') kontrastiert Kahl das bisher Gesagte mit Beispielen guter Erzieher.

Im ersten Abschnitt beschreibt Kahl einige Merkmale eines ganz bestimmten Typs eines Erwachsenen:

- Sie wissen pflichtbewusst, was man in der Erziehung tun soll.
- Sie orientieren sich am "Perfekten" anstatt den eigenen Mangel zu sehen.
- Sie können sich nicht auf die "Unfertigen, ihren Kindern" einlassen.
- Sie sehen ihre Kinder nicht als "bedürftig" an.
- Anstatt "Formen" weiterzugeben, ziehen sie Grenzen.
- Sie können keine "Kokonstruktuere" ihrer Kinder sein.
- Sie scheuen die "Präsenz" und "exponieren" sich nicht.
- Sie verweigern ihren Kindern den Dialog.
- Sie sind ihren Kindern "unheimlich"

Diese Erwachsenen tyrannisieren oder vernachlässigen die Kinder nicht. Laizzes faire ist hier auch nicht das Thema. Die Erwachsenen haben durchaus Erwartungen an die Kinder und fordern ein. Was sie auszeichnet ist, dass sie für die Kinder kaum greifbar sind.

"Beim nicht erwachsen gewordenen Erwachsenen *fragt man sich: Wo bist du? Zur entscheidenden Frage:* Wer *bist du? kommt es gewöhnlich gar nicht" (173)*

Diese Charakterstruktur drückt sich auch in einem bestimmten Erziehungsstil aus.

Ihnen ist es "nicht gelungen, für ihr eigenes Leben Formen zu bilden, die sich selbst tragen." (170) In seinen Beschreibung wirken diese Personen zugleich hilflos und aufgeblasen.

Sie "führen sich selbst wie an Marionettenfäden, von außen statt von innen" (170). Gleichzeitig scheuen sie die Präsenz: "Sie wollen eigentlich nicht da sein"(172).

Dementsprechend will diese Person auch niemanden einschränken oder etwas vorschreiben. “Doch diese liberalen Grundsätze sind Vorwände”.

Kahl bleibt weitgehend in der Beschreibung. Er traut diesen Erzieher/innen nicht. Sie können den Kindern nicht das bieten, was ein Erzieher/in bieten muss: ein Gegenüber.

Der liberale Charakter (von Wilhelm Reich)

Wilhelm Reich beschreibt mit dem 'liberalen Charakter' eine ganz ähnliche Struktur wie Kahl.

Insbesondere im 'Christusmord'[1] warnt er vor diesen Personen (vgl. S.381 ff).

Er kann bei seinen Aussagen auf eine ausgefeilte Charakterologie [2] zurückgreifen. Im Zentrum steht dabei das Dreischichtenmodell: Kern, sekundäre Schicht, Maske.[3]

Während der gesunde Organismus durch die strukturierten Bewegungen des Kerns reguliert wird, hat der typische liberale Charakter den Kontakt zum Kern

[1] Wilhelm Reich: *Christusmord*, Frankfurt/M 1983

[2] Vgl. z.B. Wilhelm Reich: *Charakteranalyse*, Frankfurt/M 1981

[3] Vgl. Ingo Diedrich: *Naturnah forschen*. Wilhelm Reichs Methode des lebendigen Erkennens. Berlin 2000. S.55

verloren. Er bewegt sich weitgehend auf der dritten Schicht, der sozialen Fassade und versucht seine Ersatzregulation aufrechtzuerhalten.

Scheinbar losgelöst vom Kern kann er große Ideen von Humanismus, Gleichheit, Pazifismus, sexuelle Freiheit usw. proklamieren. Die Loslösung vom Kern, von den realen Empfindungen beinhaltet eine große Freiheit. Alles scheint möglich und von der Durchsetzung dieser Möglichkeiten erhofft sich die Person die nicht vorhandene Befriedigung.

"Vorsicht vor dem Freiheitskrämer in Sachen Liebe und Leben! Er meint nicht das was er sagt. Er weiß nichts über das Leben und dessen Schwierigkeiten. Er verwandelt alle Realitäten in Formalitäten und alle praktischen Probleme des Lebens in Ideen über ein zukünftiges Paradies der Menschheit." (Christusmord S.307)

Der Liberale ist hohl: er redet und denkt viel, kann diese Gedanken aber nicht an Emotionen anknüpfen, sondern ist darauf angewiesen, dass sein Intellekt die Stimmigkeit nach Innen und die Anpassung nach Außen organisiert. Die noch von Innen auftauchenden Gefühle werden als bedrohlich erlebt und abgewehrt.

Mir ist dieser Charaktertyp in mehrfacher Hinsicht wichtig:

- Es ist eine verunsichernde Perspektive, die viel in Frage stellt, was häufig bei engagierten Personen als selbstverständlich gilt.
- In einer modernen Gesellschaft, die sehr stark von liberalen Charakteren geprägt wird, bietet diese Perspektive eine Möglichkeit der kritischen Analyse.
- Vieles was Kahl und ähnliche Autoren sagen, kann so auf Basis dieses weitreichenden Modells fundierter weitergedacht werden.

Reich hat den 'liberalen Charakter' nicht systematisch ausgeführt, sondern Aspekte aus seiner Perspektive im 'Christusmord' benannt.

Elsworth Baker hat in den 60er Jahren eine soziale Typologie aufgebaut, in der der ‚liberale Charakter' von den Typen der 'emotionalen Pest' und dem 'konservativen Charakter' abgegrenzt werden.[1] Reich hat insbesondere in der ‚Charakteranalyse' eine ausführliche psychologische Typisierung präsentiert.

[1] Elsworth F. Baker: *Man in the Trap.*1980

Bakers soziale Typisierung ist eine Grundlage zur Diskussion, nicht weniger, aber auch nicht mehr. In Deutschland baut v.a. Peter Nasselstein seine Argumentation auf Bakers Aussagen auf. Gerade aufgrund seiner betont provozierenden Zuspitzung kommen spannende Aspekte zutage.[1]

Ich gehe in meinem Konzept der 'Bremsung' einen anderen Weg. Auch hier ist das Dreischichtenmodell die Basis. Im Zentrum meiner Argumentation stehen aber die verschiedenen Beziehungen zwischen 'Struktur' und 'Bewegung'.

Im Gegensatz zum Kern ist das Spezifische der Panzerung die Aufspaltung und Gegensatzanordnung dieser beiden Aspekte. Sowohl auf individueller als auch auf sozialer Ebene lässt sich so eine weitreichende und differenzierte Typisierung formulieren. Auch der liberale Charakter kann so eingeordnet werden.[2]

Wie auch Kahl beschreibt, bietet ein in diesem Sinne liberaler Erzieher/in den Kindern und Jugendlichen eine äußere Hülle an. Er präsentiert sich mit seinen Sehnsüchten nach Freiheit und Liebe. Diese Aspekte kann er proklamieren, aber nicht leben. Statt sich mit diesen Eigenschaften zu zeigen verweist die Person auf die Eigenschaften und lässt somit die Kinder mit den Themen allein.

Ohne Kontakt zu den eigenen Emotionen sind sie hilflos, wenn sie z.B. mit den Aggressionen der Kinder auf tatsächliche Emotionen treffen. Ihre Konzepte helfen nicht weiter. Sie greifen ins Leere.

So erklärt sich auch die große Erleichterung, wenn diese Personen hören, dass sie entgegen den eigenen Konzepten wieder hart sein dürfen.[3] Sie setzen dann Grenzen anstatt die Grenzen der eigenen Person auszudrücken.

Auch wenn die konfrontative Pädagogik und die liberale Pädagogik die Enden eines pädagogischen Spektrums bezeichnen, so treffen sie sich hier auch wieder.

---

[1] vgl Peter Nasselstein: *Blog nachrichtenbrief*; P.Nasselstein: Orgonomie.net

[2] vgl. Ingo Diedrich: *Aus-einander-setzung mit Gewalt* . Bremen 2003. S. 254– 308

[3] siehe *Konfrontative Pädagogik*

Brechende Schule

12. Februar 2006

„Es war etwas in ihm, etwas Wildes, Regelloses, Kulturloses ...“

In dem Buch 'Unterm Rad' sinniert der Rektor über den Sinn von Schule. Die Koordinaten, Inhalte und Maßstäbe haben sich geändert. Die grundsätzliche Perspektive nicht – oder doch?

“Man sage nicht, Schulmeister haben kein Herz und seien verknöcherte und entseelte Pedanten! O nein, wenn ein Lehrer sieht, wie eines Kindes lange erfolglos gereiztes Talent hervorbricht, wie ein Knabe Holzsäbel und Schleuder und Bogen und die anderen kindischen Spielereien ablegt, wie er vorwärts zu streben beginnt, wie der Ernst der Arbeit aus einem rauhen Pausback einen feinen, ernsten und fast asketischen Knaben macht, wie sein Gesicht älter und geistiger, sein Blick tiefer und zielbewusster, seine Hand weißer und stiller wird, dann lacht ihm die Seele vor Freude und Stolz. Seine Pflicht und sein ihm vom Staat überantworteter Beruf ist es, in dem jungen Knaben die rohen Kräfte und Begierden der Natur zu bändigen und auszurotten und an ihre Stelle stille, mäßige und staatlich anerkannte Ideale zu pflanzen. Wie mancher, der jetzt ein zufriedener Bürger und strebsamer Beamter ist, wäre ohne diese Bemühungen der Schule zu einem haltlos stürmenden Neuerer oder unfruchtbar sinnenden Träumer geworden!

Es war etwas in ihm, etwas Wildes, Regelloses, Kulturloses, das musste erst zerbrochen werden, eine gefährliche Flamme, die musste erst gelöscht und ausgetreten werden. Der Mensch, wie ihn die Natur erschafft, ist etwas Unberechenbares, Undurchsichtiges, Gefährliches. Er ist ein von unbekanntem Berge herbrechender Strom und ist ein Urwald ohne Weg und Ordnung. Und wie ein Urwald gelichtet und gereinigt und gewaltsam eingeschränkt werden muss, so muss die Schule den natürlichen Menschen zerbrechen, besiegen und gewaltsam einschränken; ihre Aufgabe ist es, ihn nach obrigkeitlicherseits gebilligten Grundsätzen zu einem nützlichen Gliede der Gesellschaft zu machen und die Eigenschaften in ihm zu wecken, deren völlige Ausbildung alsdann die sorgfältige Zucht der Kaserne krönend beendet."

Hermann Hesse: Unterm Rad

Konfrontative Pädagogik II

25. Mai 2005

Die *konfrontativen Pädagogen* sprechen ein längst überfälliges Thema an: die Bedeutung der Grenze in der Pädagogik. Ihre Antworten sind nicht überzeugend.

Drei kurze Hinweise:

- Der Kriminologe Weidner hat offensichtlich seine vom Strafvollzug geprägte Perspektive nie aufgegeben. Eine Pädagogik für die „schwierigen" Kinder an der Schule führt nicht zur Problemlösung, sondern zu Stigmatisierung. Es stimmt, Kinder und Jugendliche (aber auch Erwachsene) müssen die Konsequenzen der eigenen Handlungen spüren. Sie sind verantwortlich für ihr Verhalten. Das ist ein zentrales Thema in der Sozialisation. Allerdings gilt das für alle Personen und nicht nur für die unangenehmen abweichenden Jugendlichen. Die Alternative, hier Empathie und dort Konfrontation ist falsch, gefährlich und langfristig ineffektiv![1]

- Im Zentrum steht die Grenze bzw. die (Kon) Front (ation). Über die Qualität gibt es vor allem die Aussage, dass sie klar, eindeutig und durch Konsequenzen gestützt sein soll.
  Es sind gesetzte Grenzen. Trotz aller Versuche, sie ‚demokratisch' zu legitimieren (Sie sollen „nicht willkürlich erscheinen" (Büchner)) sind es primär Versuche, die bestehenden Machtstruktur zu festigen. Das merken auch die Jugendlichen.
  Es sind starre Grenzen. Der Aufruf, das "ganze Kollegium" hinter die Grenzen zu sammeln und sie konsequent umzusetzen, deutet auf eine wesentliche Gefahr für die Grenzen hin: Flexibilität. Die Grenzen sind nicht klar, sondern beziehen ihre „Klarheit" aus der Starre.
- Die Grenzen werden gesetzt, um den Lehrern die „Provokation" ihrer Ordnung durch abweichende SchülerInnen zu ersparen. Da sich dies zu sehr nach Erziehung der fünfziger Jahre anhört, werden nicht überzeugende Konzepte der Grenzziehung entwickelt.
  Anstatt immer neue Legitimationsversuche zu starten, wäre es viel sinnvoller zu fragen, von was sich die Grenzen ableiten und welche Eigenschaften daraus folgen.

Leben ist eine begrenzte pulsierende Einheit. Die Grenze ist einfach da, sie muss nicht kompliziert gesetzt werden. Über die Beweglichkeit dieser Grenze kommunizieren Lebewesen miteinander. Sie ist die Membran. Wenn sich die LehrerInnen Grenzüberschreitungen ausgesetzt sehen, so stellt sich auch die Frage nach der Qualität der eigenen Struktur, der Bezug zu den eigenen Grenzen und der Struktur der Schule. Ein Setzen von künstlichen, starren Grenzen kann diese Frage nicht ersetzen, sondern nur vertuschen.

---

[1] vgl. dazu auch den Briefwechsel von W. Reich mit A. S. Neill zum Thema ‚Disziplin in der Erziehung'. Placzek, Berverley R. (Hrsg.): *Zeugnisse einer Freundschaft.* Der Briefwechsel zwischen Wilhelm Reich und A.S. Neill 1936-1957. Köln 1986

Konfrontative Pädagogik

10. Mai 2005

Am 26. April 2005 fand in der Friedrich Ebert Stiftung eine Tagung zum Thema ‚Konfrontative Pädagogik' statt. Der Andrang war riesig.

Wie erklärt sich dies große Interesse? An der Effizienz der konkreten Methoden kann es nicht liegen: sie wird bestenfalls angenommen, belegt ist sie nicht.

Viel wichtiger ist vielmehr die Botschaft, die sich an die Pädagogen richtet und sich durch die gesamte Tagung zog: Du darfst hart sein!

Die ewigen Versuche auf die „schwierigen" Jugendlichen einzugehen, scheinen versagt zu haben. Insbesondere die LehrerInnen sehen sich schon längst an ihren Grenzen angelangt.

Und da kommen Prof. Jens Weidner & Co und sagen: es ist effizient und korrekt Grenzen zu zeigen, sie mit ihren Untaten zu konfrontieren und zu „schimpfen".

Nach einer mitreißenden Rede von Weidner brachte ein männliches Mitglied des Podiums die Stimmung auf den Punkt: die Botschaft der konfrontativen Pädagogik sei „erlösend"! Man könne „endlich wieder" Regeln setzen und erziehen.

Die schlaffe „Verständnispädagogik" darf endlich durch die harte konfrontative Pädagogik abgelöst werden. Auch bei den weiblichen Teilnehmerinnen schien diese Botschaft sehr eindringlich gewesen zu sein.

Weidner brachte noch etwas Ordnung in das Thema:

Ihm war klar, dass es den LehrerInnen durchaus nicht immer leicht fällt, hart zu den Kindern zu sein. Er konnte sie beruhigen: Bei 80% der SchülerInnen können sie weiterhin „Gutmenschen" bleiben. Konfrontative Pädagogik sei nur für die „schwierigen" Kinder und Jugendlichen, die den „Ärger machen". Diese

Personen „sehnen sich nach Struktur“ und hier solle man als Pädagoge seine „Respektleidenschaft“ ausleben und „auch genießen“.

Es gab auch wenige vorsichtige kritische Anmerkungen. So meinte ein Teilnehmer: er höre immer nur „Frontpädagogik“. Weidner solle doch ein paar Grundlagen dieser Pädagogik verdeutlichen. Hier wurde schnell klar, dass es ganz offensichtlich kein tatsächliches Konzept für die „Konfrontative Pädagogik“ gibt. Weidner erläuterte etwas den Unterschied zwischen „nicht permissiv“, „autoritär“ und „autoritativ“ und sprach davon, den „rohen“ Jugendlichen das „Realitätsprinzip einmassieren“ zu wollen. Er blieb sehr vage und brachte sein Modell wieder auf den bekannten Punkt:

„Ihr dürft Grenzen ziehen“.

Konfrontative Pädagogik ist keine Pädagogik, sondern eine Ansammlung von Methoden für abweichende Kinder und Jugendliche. Der Kern dieser Methoden ist das so genannte Antiaggressionstraining.

Mit der von Weidner eingeführten Aufteilung kann somit die Stigmatisierung der als problematisch empfundenen Personen noch klarer vorangetrieben werden. Für die 80% braven Kinder gibt es die empathischen Methoden und für die 10-20% schwierigen Kinder die u.a. im Strafvollzug entwickelten konfrontativen Methoden.

„Warum es gut sein kann, böse Menschen, schlecht zu behandeln“

In Workshop 2 (Titel: „Warum es gut ...“) beschrieb Reiner Gall wie das ‚Coolness-Trainig’ als Teil der Konfrontativen Pädagogik aussieht.

Um deutlich zu machen wie die Methode die Jugendlichen verändert, führte Gall den so genannte „Armagedoneffekt“ an. Er bezog sich dabei explizit auf den Science Fiction mit Bruce Willis.

Kurz zur Erinnerung: Ein Komet stürzt in diesem Film auf die Erde zu und droht sie zu zerstören. Ein Rettungsteam fliegt auf den Kometen (Jugendlichen), bohrt ein tiefes Loch hinein und versengt dort eine Atombombe. Die Zerstörungen der Explosion sollen den Kometen aus der bisherigen Bahn werfen.

Es gibt kaum ein Bild das die Kehrseite des **Gutmenschentum - den Sadismus!** – *besser zum Ausdruck bringen kann. Eindringen und von innen zur Explosion bringen.*

Übrigens entspricht dies Vorgehen bei vielen ausgegrenzten Jugendlichen genau den Erwartungen. Gewaltkriminelle, die ihre soziale Position entsprechend dem Typus ‚Äußerer Konflikt'[1] interpretieren, gehen davon aus, dass u.a. die Pädagogen in sie eindringen wollen, um ihre Identität zu zerstören. Dagegen schützen sie sich (zu Recht).

„Niemand hat das Recht, den anderen zu beleidigen, zu verletzen oder auszugrenzen. Geschieht dies dennoch, erfolgt Konfrontation" (Gall)

Dieses Credo muss auch auf die konfrontativen Pädagogen selbst angewandt werden.

---

[1] vgl.: Ingo Diedrich: *Aus-einander-setzung mit Gewalt.* Eine orgonomisch funktionalistische Arumentation. Bremen 2003; Ingo Diedrich: *Ausgrenzung mit Gewalt*: Jugendliche Gewaltkriminelle in der Auseinandersetzung mit dem gesellschaftlichen Mainstream. Eine Analyse autobiographischer Erzählungen. Saarbrücken 2008

Die *Dokumentation* der Tagung "Konfrontative Pädagogik" am 26. April 2005 in der Friedrich-Ebert-Stiftung, Berlin

Gewaltperspektive

10. Januar 2005

Gewalt ist gerade in einer Gesellschaft mit einem gewaltfreien Selbstverständnis immer auch eine Frage der Ausgrenzung.

Fast alle Ansätze der Bearbeitung der Gewalt ziehen daraus denselben Schluss: Das gewalttätige Verhalten soll ausgegrenzt werden und insbesondere der jugendliche Täter soll wieder integriert werden.

Um dies effektiv umsetzen zu können, bedarf es zu allererst eines genauen Wissens über die Gewalttäter. Wie sieht deren Welt aus, wo sind die Türen, um Kontakt mit ihnen zu knüpfen und sie wieder zu integrieren? Welche Zugangsmöglichkeiten zu diesen Personen sind gegeben?

Was nutzen noch so ausgeklügelte pädagogische Maßnahmen, wenn sie einfach an den Strukturen der Täter abprallen?

Die ‚Hallenser Biographiestudie zur Jugendgewalt' [1] stellt die soziale Welt gewaltkrimineller Jugendlichen ins Zentrum. Auf der Basis von über 50 autobiographischen narrativen Interviews können vier Typen der ‚Ausgrenzungsbearbeitung' kontrastiert werden. Dies Wissen erlaubt einen guten Zugang zu diesen ausgegrenzten Personen.

[1] vgl. *Gewalttätige Ausgegrenzte*; Ingo Diedrich: *Aus-einander-setzung mit Gewalt*. Eine orgonomisch funktionalistische Arumentation.

Die Bedeutungen, die die Jugendlichen diesen Erfahrungen zuschreiben werden verstehbar. Auch die Gewalt bekommt hier ihren Platz.

Das von den Jugendlichen erhaltene Wissen über deren Welt kann somit die Grundlage für ein Arbeiten mit diesen Jugendlichen sein.

So selbstverständlich diese Herangehensweise aussieht, so selten ist sie.

Populäre Ansätze wie z.B. der Desintegrationsansatz von Heitmeyer oder die so genannte ‚Konfrontative Pädagogik' (z.B. von Büchner) gehen den umgekehrten Weg. Grundlage ihrer Arbeit ist nicht das Wissen über die Welt der Täter, sondern ihr Bild von dem, was sie für den Mainstream der Gesellschaft halten.

Diese Normalität ist der Maßstab von dem die defizitäre Welt der Jugendlichen abgeleitet wird. Da Gewalttäter per Definition außerhalb der Normalität stehen, können sie als Negation dessen charakterisiert werden, was innerhalb gilt. Vereinfacht ausgedrückt: Eine Gesellschaft stellt bestimmte Anforderungen an die Mitglieder. Da Gewalttäter auf Gewalt zur Bewältigung ihres Lebens zurückgreifen, zeigen sie, dass sie den Anforderungen der Gesellschaft nicht gewachsen sind.[1]

Die Erklärungsansätze begnügen sich damit, die Defizite der Jugendlichen zu beschreiben und damit zu erklären, warum sie auf das naturnahe Mittel der Gewalt zurückgreifen müssen. Nicht der Zugang zu den Jugendlichen, sondern die Erklärung der defizitären Abweichung von der vermeintlichen Normalität steht im Zentrum.

Nicht das Wissen über die Jugendlichen wächst so, sondern die Vorstellungen von dem, was als abweichend gilt. Diese Perspektive bietet kaum Möglichkeiten, ausgegrenzte Jugendliche wieder zu integrieren.

Auf der Basis der vier Typen der Ausgrenzungsbearbeitung kann ich sagen, dass zumindest drei Typen sich in ihrer Weltsicht durch so eine Herangehensweise nicht irritieren lassen. Ihre Orientierung und somit ihre Handlungen bleiben im Wesentlichen unverändert. Es ist vielmehr davon auszugehen, dass Maßnahmen aus dieser Perspektive zu einer Stabilisierung vorhandener Orientierungen führen.

---

[1] vgl. das Konzept der *Autotranszendenz*

Weitere Texte von Ingo Diedrich

Downloads befinden sich auf der Seite: *www.or-so.de*

Naturnah forschen

Wilhelm Reichs Methode des lebendigen Erkennens

Gleichzeitiges Denken in Unterschieden und Identitäten, emotionale Wahrnehmung, der Forscher als Werkzeug der Forschung usw. All dies sind Aspekte von Wilhelm Reichs Erkenntnistheorie.

Sie wird hier leicht verständlich dargestellt.

Ingo Diedrich: Naturnah forschen, Berlin, 2000

Aus–einander–setzung mit Gewalt

Aus-einander-setzung mit Gewalt

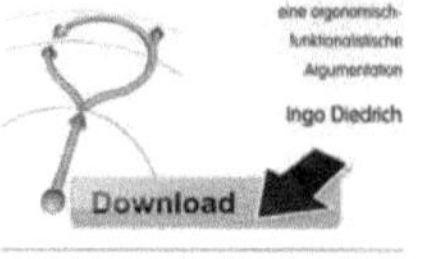

- eine orgonomisch-funktionalistische Argumentation

Gewalttätige Jugendliche und die Erklärungsansätze haben unterschiedliche Perspektiven. Aus diesen interagieren sie miteinander.

Diesen Unterschieden liegt aber eine Identität zugrunde.

Erst das Wissen um diese Identität bietet die Möglichkeit, die Gewalt- und Ausgrenzungsspirale tatsächlich zu verlassen.

Ausgrenzung mit Gewalt

Jugendliche Gewaltkriminelle in der Auseinandersetzung mit dem gesellschaftlichen Mainstream

Die oben genannte Studie liegt auch in Buchform vor.

Ingo Diedrich: Ausgrenzung mit Gewalt, Saarbrücken, 2008, 400 Seiten

Die Kontrolltheorie nach Travis Hirschi

- eine Diskussionsvorlage

Die Kontrolltheorie ist einer der wichtigsten kriminologischen Ansätze. Ihre Stärken, aber auch ihre bedenklichen Seiten werden dargestellt und diskutiert.

Ist sie tatsächlich noch zeitgemäß?

Die vier Typen der Bearbeitung von Ausgrenzungserfahrung:

die Hallenser Biographiestudie zur Jugendgewalt

In der Hallenser Studie wurden über 50 Narrative Interviews v.a. mit gewaltkriminellen Jugendlichen ausgewertet. Dieser Aufsatz fasst die Ergebnisse kurz zusammen. (Soziale Arbeit, 56(7): 2007, 250-260).

Eine ausführliche Darstellung befindet sich im Text "Aus-einander-setzung mit Gewalt".

Evaluation der Erprobungsphase des Projektes "MUS-E Modellschule"

Eine qualitative Untersuchung zum Thema Ästhetische Bildung als Weg der Lehrerfortbildung.

MUS-E Modellschule ist ein Projekt der Yehudi Menuhin Stiftung Deutschland.

Printed by Books on Demand GmbH, Norderstedt / Germany